JUN 0 5 2014

MW01074965

PROPERTY OF
Kankakee Public Library

Además de ser un gran aficionado al fútbol,
Michael Part es guionista y escritor.
Es autor de la aventura *anime Starbirds*
y del guión del clásico filme de Disney,
Aventuras en la corte del rey Arturo.
También es el editor de la serie de libros
infantiles *The Wild Soccer Bunch,*
y autor de *El papa que ama el fútbol,*
biografía del papa Francisco y
Ronaldo: su asombrosa historia.

WITHDRAWN

Michael Part

Messi:
su asombrosa historia

Traducción de Carlos Milla e Isabel Ferrer

PUCK

Argentina – Chile – Colombia – España
Estados Unidos – México – Perú – Uruguay – Venezuela

PROPERTY OF
Kankakee Public Library

Título original: *The Flea - The Amazing Story of Leo Messi*
Editor original: Sole Books, Beverly Hills, California
Traducción: Carlos Milla e Isabel Ferrer

1.ª edición Abril 2014

Expreso mi especial agradecimiento a Yonatan Ginsberg por su aportación a este libro. Su amor por el bello deporte del fútbol y sus profundos conocimientos han sido de una ayuda inestimable.

Michael Part

Reservados todos los derechos. Queda rigurosamente prohibida, sin la autorización escrita de los titulares del *copyright*, bajo las sanciones establecidas en las leyes, la reproducción parcial o total de esta obra por cualquier medio o procedimiento, incluidos la reprografía y el tratamiento informático, así como la distribución de ejemplares mediante alquiler o préstamo público.

Adaptación de cubierta: Jordi López Martínez
sobre portada original de: Omer Pikarsky

Copyright © 2013 by Sole Books
All Rights Reserved
© de la traducción 2014 *by* Isabel Ferrer
© 2014 *by* Ediciones Urano, S.A.
  Aribau, 142, pral. – 08036 Barcelona
  www.mundopuck.com

ISBN: 978-84-96886-33-9

Código BIC: BGS
Código BISAC: BIO016000

Fotocomposición: Ediciones Urano, S.A.

3 1558 00285 5864

Para Lisa y los niños:
Liz, Nick, Maddy, Emily y Matthew

CRÉDITOS DE LAS FOTOGRAFÍAS

Foto de cubierta: Messi celebra un gol mirando al cielo con el gesto típico de los dedos alzados: REUTERS/Gustau Nacarino.

Foto de contracubierta: El dorsal de Messi: REUTERS/ Marcelo del Pozo.

Índice

······

Agradecimientos

La vida de Leo Messi parece concebida en el cielo y salida de una película. Este libro existe única y exclusivamente gracias a Yitzhak y Yonatan Ginsberg de Sole Books. Ellos me contagiaron su devoción por el bello deporte del fútbol y su amor por Leo Messi. El firme e incondicional afecto y apoyo que me ofrecieron han hecho posible la aparición de este libro.

Y gracias al Gran Maestro Mark Cox por ayudarme a pensar como un campeón.

Prólogo

······

Barcelona, marzo de 2001

«Pasajeros del vuelo 7767 con destino a Buenos Aires, Argentina, prepárense para el embarque.»

El sistema de megafonía del aeropuerto de Barcelona sobresaltó a Lionel Messi, de doce años, que se apretó contra el costado de su madre, Celia. Su padre, Jorge, estaba junto a él. Leo, como lo llamaba casi todo el mundo, se quedaría a vivir en Barcelona con su padre a partir de ese momento. El resto de la familia —su madre, Celia, sus hermanos mayores, Matías y Rodrigo, y su hermana menor, María Sol— regresaba a Rosario, Argentina. Leo estaba a punto de incorporarse a la Masia, el centro de formación del legendario Fútbol Club Barcelona. Quienes amaban al equipo lo llamaban por su sobrenombre: Barça. Ese día la familia Messi se separaba y no volvería a reunirse hasta pasado mucho tiempo.

Una larga fila de pasajeros empezó a embarcar en el avión con destino a Argentina. Celia, conteniendo las lágrimas, dio un beso de despedida a su marido Jorge.

No sabía si resistiría estar sin su hijo menor, Leo.

El FC Barcelona lo consideraba un chico especial, y ella se enorgullecía de él. Si al menos su abuela hubiera podido presenciar ese momento. Fue la abuela Celia la iniciadora de todo aquello, la primera en ver el talento de Leo.

La familia Messi adoraba el fútbol. Y cuando Celia le apretó la mano a su marido por última vez antes de embarcar, se acordó del partido de fútbol al que asistieron en su luna de miel. Se apartó de Jorge y, con los ojos empañados por las lágrimas que ya no podía contener, abrazó a su hijo.

—No llorés, mamá —dijo él.

—Perdoná, Leo —se disculpó ella—. Soy una boba.

—No, mamá, no lo sos —la consoló él—. Lo que pasa es que te preocupás por nosotros.

Habían esperado mucho tiempo la decisión del Barça. Durante meses Celia había temido que el club hiciera lo mismo que otros equipos antes: echarse atrás en el último momento. Pero al final lo habían elegido, y ella se volvía a casa.

—Volveremos cuando acabe la temporada, mamá —la reconfortó Leo, enjugándole las lágrimas con la mano—. Te lo prometo.

Después de varios meses en Barcelona, con la esperanza de que Leo triunfara en el FC Barcelona, el club por fin se había comprometido a aceptar al adolescente en su centro de formación. Eso despertó un sentimiento agridulce en Celia, Matías, Rodrigo e incluso la pequeña María Sol. Añoraban su país, Argentina, y su ciudad, Rosario, y comprendían que ésa era la oportunidad de Leo para hacer realidad su mayor sueño: ser futbolista profesional. Pero querían a Leo con toda su alma, y lo echarían mucho de menos. Tenía sólo doce años.

Jorge y Leo volvieron a su hotel en silencio. El chófer

del Barça, Octavio, tomó por un atajo. Leo se sentó delante con él y disfrutó del recorrido hasta el último minuto. Jorge, con su hablar argentino, rogó a Octavio que redujera la velocidad, y el chófer se rió por la manera en que lo dijo. Era oriundo de Argentina y conocía la diferencia entre el castellano de allí y el de España.

—¿Dije algo gracioso? —preguntó Jorge.

—Aquí se dice de otra manera. No se preocupe, señor Messi. Con el tiempo ya aprenderá.

La ciudad de Barcelona, enorme y hermosa en comparación con Rosario, tenía grandes edificios que se elevaban hacia el cielo. Leo observó el perfil urbano, y Jorge observó a Leo. Al cabo de un rato, dijo:

—Ya los extraño.

—Yo también —contestó el chico, su mirada fija en el paisaje.

—¿Lo aguantarás bien? ¿Vos aquí solo en Barcelona?

—No estaré solo, papá. Te tendré a vos y tendré al equipo.

Jorge sonrió, complacido. Ése era un rasgo muy propio de Leo: siempre se las arreglaba para salir adelante. Desde atrás, apoyó una mano en el hombro de su hijo, y éste se recostó en el respaldo y cerró los ojos. Antes de adormilarse, se acordó de su querida ciudad natal de Rosario y de cómo llegó a Barcelona.

1

Primer balón y primeros toques

La familia Messi, reunida en torno a la vieja mesa de su cocina en Rosario, hablaba animadamente. Celia había puesto su mejor mantel de hilo. Ocupaba el centro una gran tarta de cumpleaños casera con cuatro velas. Ese día Lionel Messi cumplía cuatro años, pero no se lo veía por ninguna parte. Abochornado, permanecía oculto detrás de Matías y Rodrigo, sus hermanos mayores, quienes, para agasajarlo, le cantaban «Cumpleaños feliz». A Leo no le gustaba ser el foco de tanta atención, pero, como bien sabía, si no daba la cara pronto, se quedaría sin tarta y sin regalo. Llegado el momento de soplar las velas, Rodrigo miró a su hermano y, sonriendo, lo empujó hacia delante.

—Dale, Leo, pedí un deseo —instó.

Abrió la boca para hablar y Matías se la tapó.

—No lo digás en voz alta o no se cumplirá.

Leo alzó la vista para mirar a su hermano mayor y asintió. A continuación cerró los ojos, apretando mucho los párpados, y formuló un deseo moviendo los labios.

Jorge sonrió.

Fue entonces cuando la abuela Celia entró en la cocina. Al acabar de pedir su deseo, Leo abrió los ojos, vio a su abuela y se le iluminó el rostro. Ella escondía el regalo de cumpleaños detrás de la espalda. Primero la abuela sacó una mano, y estaba vacía. Luego asomó la otra, y vio de inmediato qué sostenía.

—¿Es esto lo que querías, Leo? —preguntó ella.

—¡Sí! —exclamó el niño, entusiasmado, a la vez que la abuela Celia le lanzaba un balón de fútbol nuevo. ¿Cómo lo sabía? Era perfecto: talla cinco, con pentágonos azules. El balón clásico. El azul era su color preferido, como sabía toda la familia. Se metió el balón bajo el brazo e hizo ademán de echar a correr hacia la puerta para salir a la calle a jugar, pero Matías lo agarró por el cuello de la camiseta y, de un tirón, lo obligó a retroceder.

—¡Eh, tigre! Ya jugarás más tarde. Ahora vamos a comernos el pastel.

Leo miró a su hermano mayor y asintió mientras todos alrededor se reían. También él se rió al tiempo que su madre cortaba alegremente la tarta en grandes porciones y entregaba la primera a Leo.

—Para el cumpleañero —anunció.

Él cogió el trozo y lo engulló vorazmente. Era de fresa y vainilla, muy dulce, como a él le gustaba.

Más tarde, Matías y Rodrigo salieron a jugar con sus primos. Leo se quedó en casa. Se fue rápidamente a su habitación y, desde detrás de una cortina, se quedó mirando la calle, donde sus primos y sus hermanos jugaban un partidillo de fútbol. En el polvoriento «potrero», como llamaban a la calle en Rosario, hacía mucho calor. Leo observaba a los otros chicos con atención, pero, tímido como era, no se atrevía a ir con ellos. Era mucho más pequeño que los demás y pensaba que, si no estaba con ellos, no lo pisotearían.

—Andá, Leo —dijo una voz desde la puerta.

Él, que ahora estaba tendido en la cama, volvió de pronto la cabeza cuando la abuela Celia entró en la pequeña habitación.

—Andá al potrero a jugar con los otros chicos, Leo —insistió su abuela—. No te quedés encerrado en tu habitación. Necesitás que te dé el sol. Te ayudará a crecer. —Dicho esto, lo agarró por la muñeca y lo levantó de un tirón—. Dale. Hacé sufrir a tus primos. Enseñales que sos mejor que esos aficionados.

—¡Y vos podés ser mi entrenadora! —exclamó Leo.

La abuela Celia se rió mientras Leo, después de agarrar su balón azul nuevo, le daba un beso en la mejilla y salía corriendo. A solas en la habitación, Celia examinó las paredes, donde, por encima de la cama, había ayudado a Leo a clavar fotos del gran héroe del fútbol argentino, Maradona, uno de los mejores jugadores de todos los tiempos. En la familia Messi, y en toda Argentina, Maradona era el rey.

Arrimándose a la pared de la casa, a unos pasos de la calle, Leo se quedó escondido y observó a sus primos y hermanos correr de aquí para allá vociferando y levantando tal polvareda que apenas se veía el balón. «Qué altos son —pensó—, y yo soy muy chiquito.» Sencillamente era incapaz de reunir valor para salir a la luz del sol y dejarse ver por los demás. En todo caso nadie lo elegiría para su equipo. Siguió mirando aún por un momento y luego, a toda prisa, dobló la esquina hacia el lado de la casa al que daba la cocina.

Se topó con Cintia, la hija de los vecinos. Los dos eran

casi como hermanos gemelos: sus madres los habían tenido el mismo año, el mismo mes y casi el mismo día. Desde que recordaba eran íntimos amigos.

—Feliz cumpleaños, Leo. ¿Por qué te escondés? —preguntó ella con toda naturalidad.

—No me escondo —replicó él en el acto.

—Entonces, ¿qué hacés aquí? El partido se juega ahí fuera —dijo ella.

—¿Qué partido? —preguntó.

Cintia posó la mirada en el nuevo balón azul que él sostenía en las manos.

—El partido que están jugando tus primos en la calle. ¿Eso es un balón nuevo?

«Me está leyendo el pensamiento», se dijo Leo. Claro que se escondía. Le daba miedo jugar con los mayores. Pero eso no iba a decírselo a ella.

Cintia agarró el balón y lo miró.

—Es muy lindo —comentó, y se lo devolvió—. A lo mejor tenés ganas de practicar con él. —Giró sobre los talones y se alejó.

Leo la observó por un momento y después contempló el balón nuevo entre sus manos.

En la pequeña cocina, Celia, su madre, preparaba la comida preferida de Leo para su cumpleaños. Era un plato antiguo transmitido por la rama italiana de la familia, la de ella, los Cuccittini. La deliciosa milanesa napolitana: carne empanada cubierta salsa de tomate, jamón y mozzarella. Para remover la pesada sartén llena de trozos de ternera y abundantes fideos al huevo con salsa, la levantó por encima del fogón y, al posarla, oyó:

paf. Se interrumpió por unos segundos. ¿Qué era eso? *Paf.*
Ahí estaba otra vez. *Paf.* Bajó la intensidad del fuego y se
acercó a la ventana para averiguar el origen de ese ruido.
Paf. Ahí estaba Leo, al otro lado de la ventana de la
cocina, chutando su nuevo balón azul contra la fachada
lateral de la casa. *Paf.* Izquierdazo: *paf.* Derechazo: *paf.*
Cuando el balón rebotaba, él lo controlaba con el muslo,
lo bajaba sin vacilar y lo lanzaba nuevamente contra la
pared. *Paf.*
    El sonido atrajo a la abuela Celia a la cocina. *Paf.*
Miró a su hija con curiosidad, y la madre de Leo la
apremió a acercarse a la ventana para echar un vistazo.
    Paf. El nuevo balón azul rebotó en la pared, y Leo lo
paró con el pecho, lo dejó caer a sus pies y, tocándolo
expertamente, se lo pasó del pie derecho al izquierdo
y… *paf.*
    La abuela Celia se volvió hacia su hija.
    —Le da miedo jugar con los mayores —susurró—.
Cree que es muy chiquito y que no es lo bastante bueno.
Pero a mí me parece que es demasiado bueno para jugar
con ellos. ¡Fíjate cómo la toca!
    La madre de Leo volvió a mirar. *Paf.*
    —Le encanta ese balón. Lo sabía —dijo la abuela
Celia con una amplia sonrisa.
    Paf.

2

. . . . . .

El Pibe y un sueño

Esa noche Leo escondió el balón nuevo entre las sábanas. Cuando su padre entró a darle las buenas noches, vio un bulto grande y redondo al lado del pequeño.

—¿Quién es tu amigo? —le preguntó.

Leo ahogó una risita y, apartando la sábana, mostró su balón nuevo.

Pasado un año, cuando Jorge entró en la habitación de Leo, éste lo esperaba. Tenía junto a él el balón azul, pelado y rayado después de patearlo días y días por las desiguales calles de Rosario.

—Supongo que le sacaste la mugre a eso antes de meterlo en la cama, ¿no? —comentó Jorge, fingiendo que lo reñía.

—Está limpísimo, papá —mintió Leo, y se apresuró a echar al suelo la tierra roja que se había desprendido del balón.

Jorge hizo como si no lo viera y se sentó al otro lado de la cama.

—¿Dijiste tus oraciones?

—Sí, papá —contestó Leo—. Le pedí a Dios que me haga alto.

Jorge examinó a su hijo por un momento. Le dolía oírlo hablar de su baja estatura. Se sentía responsable y deseaba más que nada en el mundo encontrar una explicación para eso.

—Yo también, Leo —contestó, y de pronto se le ocurrió una cosa—: ¿Oíste a alguno de los otros chicos mencionar al Pibe? —preguntó.

—¿El chico?

—Sí, eso es lo que significa la palabra, pero la leyenda del Pibe no se reduce a palabras y sus significados. El Pibe es un chico que aprende a jugar al fútbol en la calle, donde sólo aquellos capaces de regatear pueden conservar el balón —prosiguió Jorge.

—¿Como Maradona? —preguntó Leo.

—Exactamente igual que Maradona —contestó Jorge—. De hecho, Maradona es el Pibe de nuestros tiempos.

—¿Me estás contando una historia sobre Maradona? —preguntó Leo a su padre.

—No, hijo —respondió Jorge en voz baja—. Es una historia sobre vos.

Esto complació mucho a Leo, porque su sueño era crecer, convertirse en un futbolista profesional y tener al gran Maradona como entrenador. Sonrió a su padre y cerró los ojos. Y mientras Jorge seguía contando su cuento, el niño se adormeció y de inmediato tuvo el mejor sueño de su vida.

Se trataba de un sueño nuevo, uno que Leo nunca había tenido. En él, tiene cinco años. Está en su barrio, cerca de su casa de Rosario, en el número 525 de la calle del Estado de Israel. Pone en juego el balón en el solar que hay detrás de la casa, donde juegan sus partidillos.

Al instante ve que el portero es su héroe, Diego Maradona, y viste una camiseta negra. Está en medio de la portería, señalada con dos palos de madera. Leo se lleva tal sorpresa al verlo que se queda inmóvil, y el Pelusa le dice a gritos:

—¡No parés, Leo! ¡Pegale! ¡Éste es tu partido, pibe!

Leo echa el balón hacia delante, corre con él pegado al pie izquierdo, amaga a la derecha y dispara a la izquierda con la zurda. El balón pasa por encima de Maradona, entra por la escuadra y acaba en el fondo de la red.

Leo, victorioso, levanta las manos y mira a su ídolo, temiendo que se haya molestado por no haber sido capaz de atajar el lanzamiento. Sin embargo Maradona sonríe.

—¡Bárbaro, Leo! ¡Fue pura magia! ¡Ésa es la Nuestra! —dice, y tomando al chico en brazos, lo lanza al aire.

Leo, en lugar de volver a bajar, flota hacia el cielo. Desde arriba, mira a Maradona, que, cada vez más pequeño, afirma por última vez—: ¡Sos el auténtico Pibe!

Cuando Leo oye pronunciar esas palabras a Maradona, desaparecen todos sus miedos. Desde lo alto, le contesta a gritos:

—¡Creía que el Pibe eras vos!

—¡Lo soy, Leo! ¡Pero vos sos el siguiente! —contesta Maradona a través de las nubes—. ¡Vos sos el siguiente, Leo!

¡Leo no puede creérselo! Alza la vista al sol mientras continúa flotando entre las nubes. Las atraviesa a nado del mismo modo que antes fingía nadar en la bañera, y el sol brilla con tal intensidad que lo despierta.

Leo estaba boca abajo en la cama, nadando entre las sábanas como si fueran nubes, y el maltrecho balón azul, el regalo de cumpleaños, se hallaba en el otro extremo de la habitación, bajo la ventana. Ya era de día.

—¡Increíble! —exclamó, y su madre y su abuela Celia irrumpieron en la habitación.

—¿Qué es increíble? —preguntó la abuela.

—¡Mi sueño! ¡Fue el mejor de todos!

—Bien. Podés contármelo de camino al campo del Grandoli —dijo la abuela Celia.

—¡El Grandoli! —vociferó Leo, y se levantó de un salto, lanzándole la manta por encima—. ¿Vamos a verlos jugar?

La abuela Celia se quitó la manta de la cabeza y se arregló el pelo.

—¿Es eso lo que querés hacer en el Grandoli? ¿Sólo mirar?

Leo negó con la cabeza.

—¡No! ¡Quiero jugar! —replicó con los ojos muy abiertos por la emoción.

—¡Eso mismo! —contestó la abuela Celia.

—Pero... —dijo Leo, moviendo la cabeza en un gesto de negación—. ¡Yo no puedo jugar con el Grandoli!

—Claro que podés —afirmó ella—. Ellos todavía no lo saben, pero necesitan a un jugador como vos. ¡Uno no tiene la oportunidad de hacer una prueba para el peor equipo de la ciudad todos los días!

3
······

El peor equipo de la ciudad

—Pero, abuela, ¿por qué querés que juegue con el peor equipo de Rosario? —preguntó Leo, pasándose el balón de un pie al otro y levantando polvo con sus gastadas zapatillas mientras iban por la calle hacia el campo del Grandoli. Estaba a unas manzanas de su casa. Era una mañana calurosa, como casi todas las mañanas en Rosario, pero Leo percibía algo en el aire. Algo especial.

—Todo el mundo sabe que el Grandoli es el peor equipo de la ciudad —dijo la abuela Celia.

—¿Y eso qué más da? —preguntó Leo—. Yo sólo quiero jugar.

—Bueno. —La abuela Celia esbozó una sonrisa enigmática—. Podría convenirte que les vaya tan mal.

—¿Vos creés? —dijo Leo, confuso.

—Sí. Un equipo malo necesita a un jugador excelente, ¿no?

—Sí, pero ¿a quién? —quiso saber Leo.

Ella sonrió.

—A vos, Leo, te necesitan a vos. No tienen ni idea de lo bueno que sos —prosiguió la abuela Celia—. Así que vamos a enseñárselo.

Leo desplegó una sonrisa radiante.

—Hablaré con el entrenador —dijo ella.

—¿Y si no me aceptan?

El chico sintió un nudo en la garganta.

Mientras avanzaban por la orilla del río Paraná, Leo olía el agua lodosa e incluso el cargamento de grano de la barcaza que navegaba cauce abajo hacia el mar desde un puerto de granos cercano. Pronto se vería el campo donde jugaba el club de fútbol Grandoli. Notó que se le aceleraba el corazón. Se sentía así sólo de pensar en jugar al fútbol.

El campo del Grandoli era desigual y accidentado. Dos equipos se enfrentaban en un partidillo de entrenamiento, corriendo de aquí para allá, levantando el polvo a la misma altura que el balón, pero, para Leo, verlos jugar no era ni remotamente tan satisfactorio como jugar. Se agarró a la alambrada con las dos manos, hundió la nariz en uno de los orificios y no apartó la mirada del balón.

—Quedate aquí, Leo. Voy a mantener una charla con el entrenador —dijo la abuela Celia.

—De acuerdo, pero soy demasiado chiquito para jugar con éstos —contestó con la vista fija en el terreno de juego—. Son todos más altos que yo.

Ella lo agarró por los hombros y lo miró a los ojos.

—¿A cuántos chicos ves ahí? —preguntó.

Leo los señaló y contó.

—Once en un equipo, diez en el otro —contestó.

—Pues ahí tenés. —La abuela Celia sonrió para sí—. En un equipo falta un jugador. ¿Vos querés triunfar, Leo?

Él asintió.

—Sólo triunfarás si no te rendís. ¿Vas a rendirte?

Leo negó con la cabeza.

La abuela Celia le dedicó una ancha sonrisa y le alborotó el pelo; acto seguido se alejó apresuradamente en busca del entrenador. Leo la observó marcharse y luego fijó la atención de nuevo en el juego.

La abuela Celia encontró al entrenador, Aparicio, junto a la línea de banda. Sudaba copiosamente y se paseaba, nervioso, de aquí para allá. Cuando el hombre se dio media vuelta para volver sobre sus pasos, se topó de frente con la mujer. Intentó sortearla, pero ella le cortó el paso.

—¿En qué puedo ayudarla, Celia? —dijo él con un suspiro.

—Es una lástima que te falte un jugador, Apa. Por si no estaban ya bastante mal las cosas... —comentó ella.

—¿Cómo sabe que me falta un jugador? —preguntó el entrenador.

—Me lo dijo mi nieto —respondió ella, señalando con un dedo en dirección a la alambrada.

Apa siguió el dedo con la mirada, vio hacia quién apuntaba y enarcó una ceja.

—Sólo veo a Leo —dijo.

—Vos no sabés lo malo que es tu equipo, ¿verdad que no? —preguntó ella a las claras.

—Vamos, Celia —protestó el entrenador Apa—. ¿Está diciéndome que debería poner a jugar a Leo?

—¿Por qué no? —preguntó ella, exhibiendo una de sus famosas sonrisas,

—Porque es muy bajito. Los demás chicos, con lo grandes que son, lo... pisotearían. Y luego tendré que vérmelas con los llantos y las heridas y los moretones... y con usted —soltó el entrenador Apa sin rodeos.

Pero la abuela Celia ya iba dos pasos por delante de él.

—A la primera lágrima me lo llevaré del campo yo misma —dijo con aplomo.

—Se lo comerán vivo —repuso el entrenador Apa con tono suplicante, viendo a Leo fintar diestramente con su balón al otro lado de la alambrada.

—¿Te mentí alguna vez, Apa? —preguntó Celia.

El entrenador la miró a los ojos y negó con la cabeza.

—Entonces dale una oportunidad. No te arrepentirás —contraatacó la abuela Celia, muy segura de sí misma.

El hombre la miró y se encogió de hombros.

—Desisto. Con usted nunca podré ganar, Celia.

Ella desplegó una sonrisa.

—Acabas de ganar.

El entrenador Apa acompañó a Leo de mala gana al terreno de juego y le asignó el puesto de centrocampista, sólo para que corriera menos peligro.

—Nada de juego duro —advirtió Apa a los jugadores—. Es nuevo.

El capitán del equipo dio un paso al frente. Era el doble de alto que Leo.

—¿Nuevo? ¡Es un bebito!

—No es un bebito —respondió Apa—. Sólo es bajo. —Habló en un susurro para que Leo no lo oyera—. Ahora vayan y hagan lo que les dije.

El capitán del equipo movió la cabeza en un gesto de asentimiento, volvió al trote a su posición y se reanudó el partido.

El entrenador Apa regresó a la banda y la abuela se acercó a él otra vez. El hombre la miró y levantó una ceja.

En el campo, Leo se quedó allí parado, sin saber muy bien qué tenía que hacer. Los defensas y los medios corrían sin orden de un lado a otro. Él no quitaba ojo al balón, que estaba en el otro extremo del campo, cerca de la línea de banda opuesta. Le temblaban las rodillas de puro miedo.

—¡Corré, Leo! —lo alentó la abuela Celia desde la banda—. ¡Andá a buscar la pelota!

El chico salió de su estupor, atravesó el campo como una flecha y se abrió camino hasta las proximidades del balón. Pero nadie se lo pasaba. Era como si fuese invisible para sus nuevos compañeros de equipo.

Aun así, Leo no se rindió. Traspasó la defensa rival y de inmediato empezó a presionar al adversario que en ese momento estaba en posesión del balón. Adivinó sus intenciones. Y cuando el contrario intentó hacerle un túnel, él se apresuró a juntar las piernas y se adueñó de la pelota. Echó una rápida mirada alrededor: ¡estaba a sólo veinticinco metros de la portería!

—¡Colgala en el área! —ordenó el entrenador Apa a gritos.

Leo se quedó inmóvil durante una décima de segundo. De pronto notó el contacto del balón en el pie y se serenó. Dejó de pensar. Sabía qué hacer. Los defensores se le echaban encima, pero él los esquivó a todos y corrió al frente como un rayo, con la pelota pegada a los pies.

El entrenador Apa había recorrido la banda junto a la alambrada hasta donde estaba la abuela Celia. Volviéndose hacia ella, se echó atrás la gorra y resopló.

—¿Vio eso? ¡No pudieron sacudírselo! ¡Es como una pulga que no hay manera de quitarse de encima! —masculló.

Al oírlo, ella ladeó la cabeza.

—Pulga —repitió, sonriente—. Eso me gusta.

El primer defensa, el que había perdido el balón, intentó entrarle. Leo sonrió. Muy fácil. Recortó un poco a la izquierda; luego superó a un segundo defensa con un rápido regate también a la izquierda. No veía el miedo en los ojos del portero; estaba aún demasiado lejos. Tampoco sabía que los defensores del equipo contrario se acercaban velozmente desde atrás. Vio el hueco y, con toda la calma del mundo, pasó la pelota por entre las piernas del portero con un fuerte zurdazo que silbó sobre la tierra. No oyó los vítores. Oyó sólo la voz de su abuela, que pronunciaba su nombre a pleno pulmón. Miró hacia las gradas y, al verla, sonrió. Luego levantó los dos dedos al aire como si dijera: «¡Ése fue para vos, abuela!»

Leo estaba demasiado lejos para ver sus lágrimas de alegría.

Durante los siguientes veinte minutos el entrenador Apa, yendo de una punta a otra del campo por la banda, bramaba órdenes y estrategias. Miró en dirección a la alambrada, donde se había quedado la abuela Celia, y ella le sonrió. La llamó para que permaneciera a su lado durante el resto del partido, y cuando Leo anotó su quinto tanto, asegurando la victoria, Apa, loco de alegría, abrazó a la abuela Celia y le dio un beso en la mejilla. Ese día cada gol que Leo marcó fue mejor que el anterior. «Con qué naturalidad juega este chico, qué poco le cuesta», pensó el entrenador. ¡Esa pulguita era todo un genio! Cada vez que le llegaba el balón, lo mandaba al fondo de la red.

Los otros chicos, echándose encima de Leo, lo abrazaron y vitorearon. Él se sintió abrumado y abochornado. Nunca lo había tratado nadie así, y menos chicos que no conocía.

Después del partido, Leo se acercó a su abuela Celia y al entrenador Apa, y de pronto los tres se vieron rodeados por los demás padres y espectadores. Todos querían felicitar a Apa por su nuevo hallazgo.

—Vámonos, Leo —dijo la abuela Celia—. De camino a casa tenemos que pasar por el mercado.

Mientras el chico y su abuela se alejaban, el entrenador Apa, levantando la voz, dijo:

—¡Sobre todo que no falte al entrenamiento! ¡Mañana!

—Aquí estará —respondió la abuela—. Vendremos los dos a las cuatro en punto.

Apa, con una sonrisa de oreja a oreja, se volvió hacia los padres que tenía alrededor.

—¡A ese chico nunca lo dejaré en el banquillo!

4
......

Los días de colegio

Leo y Cintia iban juntos al colegio a pie. Ese día ninguno de los dos pronunció una sola palabra durante largo rato. Él llevaba los libros bajo un brazo y el balón bajo el otro. Cuando llegaron al patio, dejó caer el balón y, fintando, zigzagueó entre sus compañeros antes de que éstos tuvieran ocasión de apartarse de su camino.

Cintia lo alcanzó frente al aula.

—¿Viste cómo te miraban? —preguntó.

Leo se encogió de hombros.

—Sólo estaba practicando.

—Te miran con admiración —señaló ella.

—Me miran y ven lo chiquito que soy —respondió él con la cabeza gacha—. Todos son más altos que yo.

—No quise decir eso —replicó ella con un asomo de enojo. Pero el enojo no duró mucho. Sabía a qué se refería Leo y cómo se sentía por su estatura. Quería ser tan alto como los demás, sobre todo como ella. Cintia entró impetuosamente en el aula, y él la siguió y se sentó detrás de ella en la última fila.

En cuanto todos los alumnos ocuparon sus asientos, la señora Ferreto recorrió los pasillos con una pila de exámenes en los brazos y fue dejando uno en cada pupitre.

—Tienen quince minutos para hacer el examen —anunció a la vez que ponía una hoja en el pupitre de Cintia—. Cuando acaben, dejen los lápices y levanten la mano.

Colocó un examen en el pupitre de Leo. Éste la miró y ella le sonrió.

Echó un vistazo al examen. Era una sola hoja y contenía cinco preguntas. Esperaba conocer la respuesta de al menos alguna. Se estiró y le tocó la pierna a Cintia con un pie. Ella asintió. También estaba preparada. La señora Ferreto regresó al frente de la clase y fijó en «15» el marcador de un viejo temporizador de horno.

—Muy bien, chicos —anunció—. Ya pueden empezar.

Al igual que una bandada de aves silvestres, todos los alumnos cogieron sus lápices al unísono y empezaron a escribir. Leo fijó la mirada en el papel. Como mínimo debería conocer la respuesta a la primera pregunta. ¿Acaso no era la primera pregunta siempre la más fácil? Pero como no tenía ni la menor idea de cuál era la respuesta, tocó a Cintia con el pie. Era la señal convenida. Ella echó hacia atrás la mano abierta, él le puso en la palma una enorme goma de borrar rosa, y ella la hizo desaparecer ante sí. Poco después le devolvió la goma. Leo le dio la vuelta, y allí estaba anotada la respuesta a la primera pregunta.

Al cabo de diez minutos Cintia levantó la mano. La señora Ferreto recorrió el pasillo y cogió su examen con una sonrisa; a continuación, se dio media vuelta y regresó al frente de la clase. Otros chicos alzaron las manos aquí y allá. Leo esperó unos segundos más y por fin levantó la suya. La señora Ferreto recogió todos los exámenes. Luego volvió al frente e inició el proceso de corrección.

—Si ya entregaron su examen, pónganse por favor con la tarea de lectura de hoy.

Leo suspiró, sacó de su cartera el manoseado libro de lectura, lo abrió y comenzó a leer.

Cuando el timbre anunció la hora del almuerzo, se oyeron los sonoros chirridos de los pupitres en el sucio suelo de linóleo conforme los alumnos se levantaban y salían del aula, desfilando justo por delante de la señora Ferreto. Ésta sonrió a Cintia, pero cuando Leo intentó pasar de largo ante ella, lo agarró por el cuello de la camiseta y lo obligó a abandonar la fila de alumnos que dejaban el aula.

—Tenemos que hablar.

Leo abrió los ojos de par en par. Cuando se marchó el último alumno, la maestra centró su atención en él.

—Hiciste un examen excelente, Leo —dijo.

—Gracias —contestó él, e intentó escabullirse, pero ella le cortó el paso.

—Aún no terminé —añadió la señora Ferreto. A Leo se le cayó el alma a los pies. Aquél era el fin del mundo tal como él lo conocía. Pese a que el Método de la Goma de Borrar Rosa empleado por Cintia y él era perfecto, la señora Ferreto, muy astuta, había descubierto su estratagema—. Resolviste muy bien el examen. De hecho, tenés exactamente la misma nota que Cintia —prosiguió, dirigiéndole una mirada escrutadora.

Leo se encogió bajo esa mirada.

—¡Uf, increíble! —fue lo único que se le ocurrió decir.

—Y las mismas respuestas exactamente. Todas.
Palabra por palabra.

¡Caramba! Leo había metido la pata. Sabía que tenía
que cambiar las palabras para que no se notara el engaño.

Pero hacía una mañana preciosa, y él se moría de ganas
de salir al patio a darle a la pelota y, más importante aún,
no quería suspender el examen.

—Veamos, o bien Cintia copió tus respuestas, o bien
vos copiaste las suyas. No es difícil deducir quién copió a
quién, Leo. Me parece que fuiste vos.

Él hundió los hombros y agachó la cabeza, incapaz de
mirarla a los ojos.

—¿Qué me decís? —preguntó la señora Ferreto.

Leo tardó un buen rato en contestar, pero al final las
palabras salieron de su boca.

—Fui yo. Yo copié de Cintia —admitió.

La señora Ferreto se detuvo a pensar por un momento.

—Sentate —dijo, señalándole su pupitre.

—¿No va a expulsarme? —preguntó Leo mientras
volvía al cuarto pupitre, en la última hilera, justo detrás
de donde se sentaba Cintia.

—No —contestó la maestra—. Voy a enseñarte la
materia otra vez y luego voy a volver a ponerte el examen.
Y esta vez espero que aprobés... ¡sin ayuda de nadie!

Así que la señora Ferreto inició la lección, ahora sólo
para Leo.

Después del almuerzo, los alumnos regresaron al aula,
pero la señora Ferreto no les permitió entrar. Uno por
uno, fueron asomándose a las ventanas para mirar,
mientras Leo escribía en el papel. Por fin, cuando acabó,

dejó el lápiz y levantó la mano. La señora Ferreto se acercó, cogió la hoja del examen y leyó las respuestas. Sólo eran cinco. Cinco nuevas. No tardó mucho en corregir las respuestas con un lápiz rojo. Leo temió que siguiera corrigiendo hasta que todo quedara cubierto de rojo, pero eso no ocurrió. Por el contrario, ella lo miró y sonrió.

—Enhorabuena, Leo. Aprobaste.

Acto seguido, se dio media vuelta, recorrió el pasillo hasta la parte delantera del aula y dejó entrar a los otros alumnos.

Leo irguió la espalda en su asiento. ¡No se lo podía creer! ¡Había aprobado! Sin Cintia ni la goma rosa.

Leo y Cintia volvieron juntos a casa y ninguno de los dos habló durante largo rato. Finalmente él rompió el silencio.

—¿Cintia?

—¿Sí? —dijo ella distraídamente.

—Me siento mucho mejor, de verdad.

Cintia le sonrió.

—¿Como cuando marcás un gol?

Leo, risueño, negó con la cabeza.

—No. No hay nada como marcar un gol.

5

......

La llamada del Newell's

Leo controló el balón suavemente con el pecho, lo bajó y empezó a regatear por el campo.

—¡Un hombre sobre Leo! —avisó a gritos un centrocampista del Grandoli.

Pero Leo sabía ya que el defensa estaría allí. Siempre estaban allí. Cuando el rival por fin apareció, cerca ya de la portería, se detuvo, protegió el balón a su derecha, amagó a la izquierda, y el defensa picó. Leo desplazó el balón a la derecha, sorteó a otro jugador y tiró por encima del guardameta, anotando así su tercer gol para el Grandoli y un *hat trick* para él. Acababa de cumplir nueve años.

El señor Griffa, un hombre grande y musculoso de tanto trabajar durante toda su vida, se puso en pie con el resto del público. Nunca había visto tan llenas las gradas del Grandoli. No iba allí muy a menudo. No tenía ninguna razón para ir. Ningún genio salía del peor equipo de la ciudad. Volvió a sentarse y siguió viendo el partido con la esperanza de que el entrenador Apa, amigo suyo, no advirtiera su presencia. Aquello no era una visita de cortesía. Estaba allí para observar a Leo Messi, a quien algunos calificaban de prodigio. Como Maradona. Era importante que el señor Griffa viera al niño tranquilamente, sin continuas interrupciones, así que se sentó en lo alto de las gradas, pese a que había muchas localidades vacías. Su mirada se cruzó con la del entrenador Apa y sonrió. «Se avecina el conflicto», pensó.

Apa no fue el primero en ver al señor Griffa, del club de fútbol más famoso de la ciudad, el Newell's Old Boys. Matías y Rodrigo Messi estaban con el entrenador y fueron ellos quienes le avisaron de su presencia. Apa supo de inmediato qué hacía allí el señor Griffa: se proponía arrebatarle a Leo Messi.

Después de dos años, iban a por la Pulga, pensó el entrenador Apa. Y para colmo el chico no había tropezado ni nada por el estilo, no; no se le ocurría otra cosa que anotar un *hat trick* justo delante del señor Griffa.

—¿Por qué no habrá podido tener un mal día? —se preguntó el entrenador Apa en voz alta, de pronto sintiéndose desgraciado.

El padre de Leo, Jorge, se acercó a Apa. Conocía bastante bien al señor Griffa. Había jugado en el Newell's a los trece años, y sus dos hijos mayores comenzaron a jugar en ese club a los siete. La familia Messi sentía un gran amor por los rojinegros, como se conocía al Newell's Old Boys. Jorge y sus dos hijos mayores se enorgullecían de ser Leprosos, el sobrenombre del que consideraban el mejor equipo de la ciudad. Existía una arraigada rivalidad entre los Leprosos y el otro club de la ciudad, el Rosario Central. Pero los Messi no tenían en el corazón más equipo que el Newell's.

El señor Griffa ya había visto más que suficiente. Se levantó de su asiento, abandonó la grada disculpándose ante los demás espectadores y bajó por los peldaños hasta el suelo de tierra. Con paso enérgico, recorrió la banda hasta llegar a Rodrigo y Matías y les hizo una seña para que se acercaran. Los dos acudieron corriendo sin pérdida de tiempo.

—¿Sí, señor Griffa? —preguntó Matías.

—Cuando vengan a entrenar —dijo el hombre con voz ronca—, traigan a su hermano pequeño.

—¡Sí, señor Griffa! —contestó Rodrigo, y lanzó una mirada a su padre, quien, complacido, le dirigió un gesto de asentimiento.

—Que tengan un buen día —se despidió, ya alejándose. Se detuvo y se volvió—. Y gracias por invitarme.

Luego subió por la calle mal asfaltada que llevaba al campo del Newell's Old Boys, en la otra punta de la ciudad.

Matías y Rodrigo cruzaron una mirada, perplejos.

Cuando el señor Griffa ya no los oía, Matías se volvió hacia Rodrigo.

—Yo no lo invité. ¿Y vos? —preguntó.

Rodrigo negó con la cabeza y miró a su padre, quien también lo negó. A continuación los tres miraron al señor Griffa, calle arriba, y en ese momento la abuela Celia salió como de la nada y lo alcanzó. Le dio unas palmadas en la espalda y le habló animadamente. Rodrigo y Matías intentaron oír lo que decían, pero estaban demasiado lejos. Después de intercambiar unas palabras más, la abuela Celia dejó seguir su camino al señor Griffa y se volvió de cara a ellos con una sonrisa de felicidad. Cuando supo que los chicos y Jorge la veían, levantó los dos pulgares.

En la entrada de Malvinas, sede de la escuela de fútbol infantil del Newell's Old Boys, en una pared blanca encalada se leía, bien visible, el rótulo «Es el Glorioso Newell's Old Boys» en grandes letras de colores rojo y negro dispuestos alternativamente. A un lado, una verja metálica roja daba acceso al campo. Para llegar a éste, había que atravesar la verja y pasar bajo el letrero de bienvenida. Y eso fue precisamente lo que hicieron Leo y la abuela Celia.

—Esto dejámelo a mí —dijo la abuela Celia, agarrando a Leo de la mano y llevándolo por el campo hasta que encontró a Gabriel Digerolamo, uno de los tres entrenadores del Newell's Old Boys. Los jugadores estaban ya sobre el terreno, practicando ejercicios de posesión del balón en espacios reducidos, consistentes en mantener la pelota alejada del rival por medio de precisos pases cortos seguidos de *sprints* de cinco metros para acceder a una zona abierta. Esos chicos estaban bien entrenados, y Leo lo vio de inmediato.

—El señor Griffa dijo que trajéramos a Leo al entrenamiento —explicó la abuela Celia—, y aquí está.

Digerolamo miró a Leo. «Dios mío —pensó—, es más chiquito de lo que creía.» Se volvió hacia la mujer.

—¿Tiene aguante? —preguntó.

—¿Tiene aguante Maradona? —repuso ella.

Digerolamo soltó una carcajada ante tal descaro.

—Bueno, veamos qué sabe hacer el pequeño Maradona —dijo, y miró al chico—. ¿En qué posición jugás?

—Jugaré donde me necesite —contestó Leo, molesto por algo.

Digerolamo se rió otra vez.

—¿Marcás goles?

—¡Sí, señor!

—Bien, entonces empezá de extremo derecho —indicó el entrenador.

Leo asintió y corrió hacia su lugar en el campo; de pronto paró y regresó.

—Oiga.

—¿Sí? —preguntó Digerolamo.

—No soy chiquito.

El entrenador se quedó inmóvil por un momento. Quizás el chico era más fuerte de lo que él pensaba.

—Bueno, ¿y cómo querés que te llame?

—Mis amigos me llaman Pulga —contestó Leo mientras se dirigía a ocupar su puesto.

Digerolamo se quitó la gorra y se rascó la cabeza.

—De acuerdo, Pulga —dijo. Miró a la abuela Celia, y ella se encogió de hombros.

—No está muy contento con su estatura —explicó ella.

—Eso ya lo veo —replicó Digerolamo. Hizo sonar el silbato y fijó la mirada en Leo, que acababa de arrancar con el balón. No podía dar crédito a sus ojos. ¿Cómo había conseguido adueñarse de la pelota tan pronto?

Digerolamo pensó que se había perdido algo.

Enseguida los otros dos entrenadores, Ernesto Vecchio y Carlos Morales, se acercaron a él. Caminaban sin apartar la mirada del terreno de juego, donde Leo avanzaba en zigzag entre cuatro jugadores y, con un rápido tiro, metía el balón entre los tres palos por el lado izquierdo. Su primer gol en el Newell's.

Después de anotar el tanto, Leo se volvió, y medio equipo del Newell's se abalanzó sobre él, derribándolo. Sus compañeros, entusiasmados, gritaban y le alborotaban el pelo, y en cuanto volvió a ponerse en pie, se reanudó el juego.

Gabriel Digerolamo, Ernesto Vecchio y Carlos Morales se sentaron los tres a la vez en el banco que tenían detrás de ellos.

—¿Viste ese tiro? —preguntó Morales.

—Tengo ojos en la cara —respondió Vecchio.

—Quiere que lo llamemos Pulga —informó Digerolamo.

—¿Pulga? —preguntó Morales.

—Pero no se burlen de su estatura —advirtió Digerolamo—. Es muy susceptible.

Vecchio levantó un dedo, a punto de decir algo, pero en ese preciso instante los jugadores prorrumpieron en vítores y se produjo un creciente griterío en el terreno de juego a la vez que el equipo se apiñaba de nuevo sobre Leo. Los tres entrenadores alzaron la vista. Pulga había marcado de nuevo.

Los tres se sentaron otra vez en el banco y se miraron. Vecchio tendió el brazo hacia Digerolamo.

—Pellízcame. Creo que estoy soñando —dijo.

Jorge Messi, nervioso, llamó a la puerta de la casa de Apa. Éste era un viejo amigo suyo, y no le resultaba fácil afrontar aquello. Cuando el entrenador del Grandoli abrió la puerta y lo vio, su sonrisa dio paso a una expresión ceñuda.

—¿Qué hay, Jorge? En fin, ya sé yo a qué venís —dijo.

—Apa, tengo una buena noticia —soltó a bocajarro.

—¿Una buena noticia? —preguntó Apa, muy confuso.

—¡Quieren que Leo juegue en el Newell's Old Boys! —anunció Jorge, y agarrándolo por los hombros, lo sacudió—. ¿No te parece fantástico?

—¿Cómo va a ser eso una buena noticia? Yo tenía al mejor jugador de Rosario y ahora ya no lo tengo —protestó Apa, y regresó al interior de la casa.

—Es una buena noticia para Leo —afirmó Jorge levantando la voz.

Oyó suspirar al entrenador en la penumbra de la casa. Al cabo de un momento Apa volvió a salir a la claridad del sol moviendo la cabeza en un gesto de asentimiento.

—Tenés razón, amigo mío. Es una buena noticia para Leo. Al menos el Grandoli lo tuvo durante un tiempo —dijo, aceptando su suerte—. Y ahora disculpame, pero tengo que llorar.

Jorge se echó a reír, y el entrenador miró a su viejo amigo.

—No se me da muy bien el llanto —admitió Apa, y acto seguido sumó su carcajada a la de Jorge y lo abrazó—. Una buena noticia para Leo… pero ¿qué digo buena? Es una noticia excelente. ¡Celebrémoslo! —El entrenador Apa echó un brazo al hombro de su amigo y lo hizo pasar adentro—. Tengo cerveza en la heladera —dijo, y cerró la puerta.

Durante un mes Leo estuvo a prueba en el Newell's Old Boys. Jugó en todos los partidos y en todas las posiciones del equipo, y en todas destacó. Ese mes Leo anotó un total de 28 tantos.

El periodo de prueba de Leo en el Newell's Old Boys concluyó el 21 de marzo de 1994. Los entrenadores y los propietarios se reunieron en un pequeño despacho de Malvinas. Leo esperó fuera, sentado en un murete de ladrillo con su padre. Se movía incómodo. No tenía la pelota allí. Desde que la abuela Celia le regaló su primer balón, le habían obsequiado uno nuevo cada cumpleaños. Era lo único que quería, y los guardaba todos en su habitación. Habría deseado tener uno en ese momento. Sólo eso lo ayudaba a relajarse. Inquieto, miró alrededor y vio un pequeño limonero junto al edificio. Corrió hasta el árbol, se agarró y recogió un limón caído al suelo, regresó a su asiento y empezó a pasarse el limón de un pie a otro. El nudo en el estómago desapareció en el acto y una sonrisa se dibujó en sus labios mientras hacía malabarismos con el limón, alternando los pies. Pie izquierdo, toque. Pie derecho, toque.

Jorge, sonriente, observaba a su hijo lanzar el limón repetidamente al aire, cada vez más rápido.

Las ventanas del despacho de Malvinas no tenían cristales, y Jorge oía hablar a los hombres allí reunidos, pero no distinguía todo lo que decían.

Uno lo llamó «Mozart», y otra voz comentó lo «asombroso que es el chiquilín».

Al cabo de unos minutos los tres entrenadores salieron del despacho con amplias sonrisas en los rostros, seguidos por los otros hombres.

Leo y su padre se levantaron.

El entrenador Vecchio habló como si ofreciera a Leo la copa del mundo.

—Lionel Messi —dijo—, es para mí un gran placer admitirte como miembro oficial del Newell's Old Boys y darte la bienvenida.

Se dio media vuelta, y el entrenador Morales, que estaba detrás de Vecchio, le entregó algo. Vecchio se volvió otra vez al frente, y Leo vio que sostenía en sus brazos un uniforme rojinegro. Al chico le dio un vuelco el corazón, dejó caer el limón y de inmediato lo capturó con los pies.

Los hombres de Malvinas, advirtiendo la devoción de Leo, se rieron, y el entrenador Vecchio le hizo entrega del uniforme rojinegro.

—Bienvenido al equipo —dijo, y le estrechó la mano a Leo.

En ese momento salió otro hombre del despacho, un hombre alto de manos grandes. Fue derecho hacia Jorge:

—Señor Messi, he oído cosas extraordinarias sobre su hijo —comentó con voz suave y tranquilizadora—. ¿Me permite hablar un momento con usted en privado?

Jorge dio un paso al frente.

—Faltaría más.

El hombre alto le ofreció su tarjeta de visita y los dos entraron en el despacho.

Leo se quedó entre los hombres del Newell's Old Boys, que lo felicitaban y le daban palmadas en la espalda. Vecchio lo cogió por los hombros.

—Pongámonos manos a la obra.

6

......

El buen médico

Jorge Messi irrumpió en la habitación de su hijo y lo despertó con una sacudida.

Leo, sobresaltado, lanzó un grito y se tapó la cabeza, convencido de que era un terremoto. Vio entonces a su padre.

Jorge tuvo que obligar a su hijo a retirar las manos de la cabeza.

—¡Tengo una noticia excelente!

Leo se frotó los ojos soñolientos.

—¿Qué pasa, papá? —preguntó, medio dormido.

—¡Los Leprosos están invitados a participar en la Copa de la Amistad! ¡Nos vamos a Lima!

Leo se incorporó, ya del todo despierto.

—¿A Perú?

—Es un gran honor. ¡El Newell's competirá con muchos otros equipos de Argentina, Chile, Ecuador e incluso Colombia!

Hacía un año que Leo jugaba con el Newell's Old Boys, y durante ese tiempo los Leprosos habían sido imparables. Ganaron todos los partidos contra sus máximos rivales, los Canallas —ése era el sobrenombre por el que se conocía al Rosario Central—, y como todos los chicos del equipo de Leo habían nacido en 1987

aproximadamente, los llamaban La Máquina del 87.
¡Y ahora La Máquina del 87 viajaba a Lima!

—¡Pero lo primero es lo primero! —dijo Jorge a Leo, agitando la tarjeta de visita que le había entregado el caballero desconocido en Malvinas hacía ya muchos meses.

—¿Qué es lo primero, papá? —preguntó Leo.

—¡Lo primero es ir al médico! —contestó su padre. Al día siguiente Celia y Jorge, con Leo en medio, subieron por la escalinata del consultorio y entraron. La sala de espera, vacía, era sencilla, sin nada más que un pequeño sofá a un lado y unas cuantas sillas al otro. En una mesa situada en el centro había una pila de revistas viejas. Leo y su madre se sentaron en el sofá; Jorge se acercó a un enrejado no muy alto con una ventanilla corrediza de cristal opaco y una puerta al lado. En el enrejado había un timbre. Lo pulsó, y el timbre sonó. La ventanilla de cristal opaco se abrió casi de inmediato, y asomó una mujer ya mayor, de rostro afable.

—¿Nombre? —preguntó.

—Leo Messi —respondió Jorge.

—Ah —contestó la mujer, y se apresuró a cerrar la ventanilla.

Jorge se quedó desconcertado por un momento. Luego se dio media vuelta y, mirando a su mujer y su hijo, se encogió de hombros.

Leo hundió la mano en el bolsillo y palpó el limón que se había guardado antes de salir camino de la consulta. Pero justo cuando se disponía a sacarlo y empezar a jugar con él, la puerta se abrió y salió el doctor

Schwartzstein con una sonrisa. Era el hombre que había entregado a Jorge la tarjeta de visita aquel día en el campo del Newell's Old Boys.

—Me alegro de verlo, señor Messi —saludó el médico, y dio un enérgico apretón de manos a Jorge.

Leo soltó el limón en el bolsillo y se levantó educadamente. Su madre sonrió y se colocó junto a él.

—Vengan —dijo el médico a Leo y Celia con una seña—. Es un placer conocerte por fin, Leo.

—Gracias —contestó él, sin saber muy bien qué hacer.

—Te vi jugar y creo que sos realmente especial. ¿Sabés a qué me dedico?

—Sí —respondió Leo—. Ayuda a los niños a crecer.

El médico sonrió.

—Exacto —dijo—. En el cuerpo hay una hormona encargada del crecimiento. En tu caso no actúa como es debido. Pero ya no tenés por qué preocuparte, Leo. Son muchos los niños con ese mismo problema, pero gracias a la medicina ahora tenemos métodos para ayudar a esa hormona a cumplir su función.

—¿Para hacerme más alto? —preguntó Leo.

—Sí. Para hacerte más alto —confirmó el médico.

Leo sintió una repentina alegría. Miró al médico con admiración.

El consultorio del doctor Schwartzstein era sencillo y austero. Leo estaba sentado en una camilla y el médico se acercó con una jeringuilla.

—Voy a extraerte un poco de sangre para unos análisis. El chico asintió valientemente.

—Sólo sentirás un pequeño pinchazo, Leo —advirtió, y tras hacerle girar el brazo, le clavó la aguja cuidadosamente en la piel.

—Estoy bien —dijo Leo, haciendo una mueca al penetrar la aguja en su antebrazo. El médico retiró el extremo de la jeringuilla y lo sustituyó por un tubo de ensayo, que se llenó de sangre. Celia cogió a su hijo de la mano, por si acaso.

Jorge se apresuró a mirar al techo. No le gustaban las agujas.

Cuando ya no cabía más sangre en el tubo, el médico retiró la aguja y el tubo y, aplicando un algodón sobre el pinchazo, presionó.

—¡Listos! No fue para tanto, ¿verdad?

—No —contestó Leo—. No me dolió nada.

—La primera vez que te vi jugar supe que eras un chico muy valiente. Los del otro equipo te entraban e intentaban derribarte una y otra vez, pero vos nunca te rendías y siempre seguías en pie, incluso cuando recibías golpes desde atrás. Y cuando caías, no te quejabas. Al ver eso, comprendí que eras una persona fuera de lo común.

Leo se ruborizó. Le encantó oír lo que el médico había dicho de él, pero le dio vergüenza.

—Y me fijé en otra cosa —añadió el médico—. Nunca te tirás a la piscina para que el árbitro pite falta o penalti.

—Leo nunca fingiría que lo lastiman. Jamás —explicó Jorge con la mirada todavía fija en el techo.

El médico movió la cabeza en un gesto de asombro.

—Bien —declaró por fin—. Ah, y ya puede mirar, señor Messi.

Jorge, con cautela, apartó la vista del techo y dejó escapar un suspiro de alivio al ver que el médico le había retirado la aguja a su hijo.

—En cuanto realicemos los análisis, les comunicaré los resultados —informó el doctor Schwartzstein a Celia y Jorge mientras acompañaba a los tres a la salida del edificio.

—Gracias, doctor Schwartzstein —dijo Jorge—. No sabe cuánto le agradecemos lo que está haciendo por nosotros.

—Sólo hago mi trabajo —contestó el médico con una gran sonrisa. Sin decir nada más, se dio media vuelta y regresó a su consulta.

La decimotercera Copa de la Amistad anual se celebraba en Lima, Perú, a más de 2.700 kilómetros de Rosario: 68 horas en autocar o tres en avión. El conjunto del Newell's Old Boys había realizado una temporada magnífica y se había ganado a pulso una plaza en el torneo.

Los técnicos y jugadores del Newell's Old Boys se alojaron en Lima con varias familias distribuidas por las inmediaciones del lugar donde se desarrollaba el torneo, y Leo y Jorge no fueron una excepción. Se instalaron en casa de la familia Méndez, cuyo hijo, Kewin, jugaba con el Cantolao, uno de los equipos rivales locales.

El terreno de juego de Lima era llano y regular, muy distinto de los campos de Rosario, que parecían praderas de montaña más que campos de fútbol bien cuidados. El Newell's Old Boys ganó su primer enfrentamiento en la Copa de la Amistad y se impuso también en los sucesivos encuentros. Progresaron rápidamente en el torneo y llegaron a la final, donde se vieron las caras con el Cantolao. La Máquina del 87 había llegado a lo más alto. Millares de hinchas presentes en la Copa de la Amistad veían por primera vez al mago de Rosario, Leo Messi, de diez años, pero ninguno estaba preparado para lo que pronto presenciarían en el partido contra el Cantolao.

Leo, de pie en lo alto de las gradas, contemplaba el campo donde ya había marcado cinco goles en la primera mitad del encuentro. En estos enfrentamientos el descanso normalmente no era más que una oportunidad para que el público comprara comida o fuera al lavabo. Pero esta vez Leo los mantendría en los asientos. Empezó a fintar en las gradas, abriéndose paso hacia el campo, a la vez que realizaba su ejercicio preferido: malabarismos con el balón. Consistía en mantener el esférico en alto, sin dejarlo caer al suelo, golpeándolo alternativamente con las rodillas y los empeines. En las gradas nadie se movió mientras él avanzaba entre el público, pasando ante niños y adultos. Nadie podía apartar los ojos de él.

Leo sonreía y saludaba a los aficionados mientras bajaba por las gradas hacia el campo, sin que el balón tocara el suelo en ningún momento. Los espectadores gritaban «¡Dale, Leo!» y le chocaban los cinco cuando él pasaba por su lado, mostrándoles habilidades que jamás habían visto, hasta que por fin saltó al terreno de juego y, conduciendo el balón, corrió hacia los banquillos de los equipos, en la banda opuesta.

En las gradas, el público se puso en pie, aplaudió y lo vitoreó con fervor. Justo antes de salir del campo, Leo se volvió y saludó con la mano; a continuación reanudó su carrera y desapareció entre los otros jugadores del Newell's Old Boys, que lo rodearon y se abalanzaron sobre él con afecto.

En el segundo tiempo del partido, Leo marcó otros tres goles y La Máquina del 87 se impuso en la final contra el Cantolao por 10 a 0, ganando así el torneo.

Después del encuentro, Kewin Méndez se acercó a Leo con una ancha sonrisa en la cara.

—Nadie antes marcó ocho goles en un solo partido. Ni aquí ni en ningún sitio. —Le tendió la mano y se la estrechó—. Eres como Maradona —dijo. Y añadió—: ¿Cómo lo haces?

—¿Como hago qué? —preguntó él.

—Eso. Tu manera de jugar. ¿Quién te enseñó?

Leo no contestó. Se rascó la cabeza. Otros le habían planteado antes esa pregunta, pero él nunca sabía qué contestar. Le daba vergüenza.

—No lo sé —dijo por fin—. Aprendí con esto —se señaló los ojos—. Y vivo para jugar. —Luego se encogió de hombros sin más y sonrió a su nuevo amigo.

Dicho esto, se quitó la camiseta y se la dio al niño; acto seguido se marchó para reunirse con el resto del equipo.

Kewin Méndez se aferró a la camiseta rojinegra con el número 10 mientras observaba a su amigo alejarse.

Se juró que la conservaría durante el resto de su vida para recordar al chico que se alojó en su casa aquellos calurosos días de verano durante la Copa de la Amistad; el niño que hacía magia con el balón.

7

. . . . . .

Respuestas

Leo llegó sin aliento a lo alto de la colina. Aunque aquello no estaba muy lejos de su casa, era ya pleno campo, un lugar apacible, y desde allí no se oían los coches ni los camiones. Se sentó bajo un olivo y tomó aire. Necesitaba pensar. Ése era su sitio secreto. Cuando tenía alguna duda sobre qué hacer, siempre acudía allí en busca de la respuesta. No sabía por qué le daba resultado, pero le daba resultado. No llevaba allí más de dos o tres minutos cuando apareció Cintia, caminando sin prisa.

—¿Qué hacés acá? —preguntó Cintia, arrodillándose a su lado con cuidado para no ensuciarse el uniforme del colegio.

—Esto es muy tranquilo y tengo que decidir en qué equipo quiero jugar, el Newell's o el Barça. ¿Vos qué opinás? —preguntó con toda naturalidad.

—¿Lo decís en serio? ¿Viniste hasta acá sólo para soñar despierto? —preguntó ella. No se lo tragaba.

—Quiero ser tan grande como Maradona —dijo él.

—Claro que sí —replicó ella—. ¿Por qué estás realmente acá, Leo?

Él se irritó. ¿Cómo lo sabía Cintia?

—No subiste toda la colina hasta tu lugar secreto sólo

para soñar despierto. Eso podés hacerlo en el banco de una parada de autobús.

Leo soltó una bocanada de aire.

—Bueno. El médico nos va a dar los resultados de los análisis. Mis viejos están muy nerviosos. Yo también. Así que vine acá.

—A esconderte —señaló Cintia, estirando las piernas y llevándose las manos detrás de la cabeza.

—Puede ser —contestó Leo.

—¿Por qué? ¿Pensás que serán malas noticias? ¿Por qué no pueden ser buenas noticias?

Leo se detuvo a pensar y permaneció en silencio un buen rato. Cintia esperó con paciencia y observó el paso de las nubes. Por fin él dijo:

—Tenés razón. Tengo miedo.

—Yo también, Leo —lo consoló ella—. ¿Qué te enseñan los Leprosos que hay que hacer cuando estás delante de un jugador del equipo contrario?

—Enfrentarte a tus miedos —respondió él sin vacilar.

—¡Exacto! —exclamó Cintia. Sonriendo, se puso en pie. Le tendió la mano, y cuando Leo la aceptó, tiró de él para levantarlo—. Me alegro de que hayamos tenido esta conversación. —Se volvió y empezó a andar cuesta abajo.

Leo sonrió. Había subido allí para esconderse de las respuestas y para encontrar respuestas. Y consiguió lo uno y lo otro. Corrió tras ella, y los dos descendieron juntos la colina.

Leo se movía inquieto en la silla metálica de la sala de espera de la consulta del doctor Schwartzstein con el balón entre los pies. Su madre, sentada delante de él en el pequeño sofá, entrelazaba y separaba las manos. Su padre, Jorge, de pie ante la ventana, observaba nervioso los coches que pasaban. Cuando el médico entró en la sala, madre e hijo se levantaron de un salto a la vez.

—Me alegro de que hayan venido —dijo Schwartzstein, estrechando la mano de Celia entre las suyas—. Leo, enhorabuena por tu victoria en Lima.

—Gracias —contestó Leo—. ¿Tiene buenas noticias para mí?

—La verdad es que sí. Tengo los resultados de los análisis y, tal como sospechaba, revelan un trastorno conocido como deficiencia de la hormona del crecimiento. Lo llamamos DHC. Parece grave y lo es, pero también quiero que sepás que no sólo es tratable, sino que el tratamiento tiene un alto índice de éxito. Vista tu buena forma física, no veo motivo alguno para que no podás desarrollarte hasta alcanzar toda tu estatura potencial.

Leo se llevó una alegría, sintiendo mayor alivio del que dejaba entrever.

—¿Creceré?

El doctor Schwartzstein sonrió y rodeó los hombros de Leo con el brazo.

—Te lo prometo.

Celia se acercó a Jorge, y él la abrazó. Dio la impresión de que los dos dejaban escapar al unísono un suspiro de alivio.

—¡Desde luego es una buena noticia! —exclamó Jorge.

—Le estoy muy agradecida, doctor. ¡Es increíble! —dijo Celia.

El doctor Schwartzstein titubeó por un momento, y en ese instante Leo percibió que había un problema.

—¿Qué tengo que hacer, doctor? —preguntó.

—Sí, doctor, ¿cuál es el tratamiento? —añadió Celia.

—Es a base de inyecciones, y deben ponerse todos los días durante varios años —explicó el médico, y se volvió hacia Leo—. Tendrás que inyectarte tú mismo.

—Puedo hacerlo —respondió él sin dudarlo.

—Estupendo. Seguro que podés. —A continuación el médico se volvió hacia Jorge—. Me gustaría hablar con ustedes dos en privado.

Jorge asintió con la cabeza.

—Leo —dijo—. ¿Por qué no te vas fuera con el balón para que podamos hablar a solas con el médico?

—De acuerdo, papá —respondió Leo, y corrió hacia la puerta. Cuando los adultos querían hablar, todo pasaba a ser enseguida muy aburrido y confuso.

—Hablemos del costo —dijo el médico en cuanto Leo salió de la sala—. El tratamiento es muy caro.

—¿Cuánto cuesta? —preguntó Jorge, acercándose a él.

—Entre mil y mil quinientos dólares al mes —contestó el médico.

En la sala se produjo un silencio. Celia se volvió hacia Jorge con mirada suplicante, desesperada. Eso era más de lo que él ganaba al mes en la planta siderúrgica. Jamás podrían pagarlo, pensó.

—Pero ¿cómo…? —Se interrumpió. Tuvo la sensación de que una puerta se cerraba ante sus caras.

Finalmente el médico rompió el silencio.

—Es mucho dinero, lo entiendo —dijo—. Pero estamos en Argentina, y hay opciones.

—¿Qué opciones? —preguntó Jorge, irritado y asustado a la vez.

—Está la Obra Social*, y usted trabaja en la planta siderúrgica Acindar, ¿verdad?

—Sí —respondió Jorge.

—Siempre hay una opción, señor y señora Messi —dijo el médico—. No pierdan la fe ahora. Dios proveerá.

Jorge estrechó a su mujer. Sabía que ella sufría, pero juró que haría cualquier cosa por sus hijos.

—No fallaremos a Leo —dijo a Celia para reconfortarla—. Encontraremos la solución.

Una semana más tarde Jorge salió de la planta siderúrgica Acindar y volvió a casa tan deprisa como pudo, saludando alegremente a todo aquel con quien se cruzaba. Como una flecha, sin apenas tocar el suelo con los pies, recorrió el camino de tierra y cruzó el río. Cuando llegó a su casa, en la calle del Estado de Israel, entró por la puerta tan repentinamente que asustó a su mujer y a su hija de corta edad, María Sol.

—¡Tenemos el dinero! —anunció a gritos.

* En Argentina, entidades encargadas de organizar la prestación de la atención médica a los trabajadores y sus familiares.

Toda la familia Messi, incluida la abuela Celia, se sentó en torno a la mesa a cenar, esperando con impaciencia las explicaciones de Jorge. Matías, Rodrigo, Leo y la pequeña María Sol ocupaban un lado de la mesa, y los adultos, el otro. Jorge se aclaró la garganta y se notó un asomo de orgullo por lo que se disponía a decir.

—¡Soltálo ya! —le gritó Celia.

—¡La Obra Social accedió a cubrir parte del costo! —anunció sin rodeos.

Todos lanzaron exclamaciones. Todos salvo Celia.

—¿Parte del costo? —preguntó—. ¿Qué parte?

—Dejame acabar, Celia —dijo Jorge, aplacando sus nervios—. ¡La siderurgia, Acindar, pagará el resto!

Celia se relajó y se produjo otra andanada de exclamaciones en torno a la mesa, pero esta vez Leo se quedó callado. Cerró los ojos y en silencio dio gracias a Dios.

8

Un resfriado en pleno campeonato

Leo, sentado en el sofá de la sala de estar, se ponía una inyección en la pierna. Matías y Rodrigo, de pie cerca de él, observaban horrorizados a su hermano menor.

—Creo que yo sería incapaz de eso —comentó Matías.

—Estás loco, Leo —añadió Rodrigo.

Él sonrió.

—Es fácil. ¡Ustedes lo harían si les sirviera para ser más altos!

—Yo ya soy alto —contestó Rodrigo—. Además, no me gustan los pinchazos.

—Gallinas —bromeó Leo.

Terminó de inyectarse, le puso diestramente el capuchón a la aguja, lo tiró todo a la bolsa de residuos con riesgo de infección y la cerró herméticamente.

Matías y Rodrigo salieron corriendo a la calle con sus bolsas de deporte.

—Nos vemos en la cancha —dijo Matías—. No vengás tarde. Hoy tenemos un partido importante.

Hacía una semana que Leo había empezado a tratarse la deficiencia de la hormona del crecimiento y se había administrado una inyección diaria desde que el doctor Schwartzstein le enseñó a hacerlo. Leo consideraba que el mínimo dolor del pinchazo merecía la pena, siempre y cuando llegara a crecer tanto como los demás chicos.

En los dos años siguientes Leo llevó al Newell's Old Boys a una victoria tras otra y un campeonato tras otro. La abuela Celia ocupaba el mismo asiento en la misma grada en todos los partidos. Una mañana Leo despertó enfermo; no era una de esas enfermedades que él se inventaba para no ir al colegio, sino un verdadero dolor en la tripa que casi le impedía abandonar la cama. Al despertar, en lugar de levantarse de un salto e ir a medirse para ver si había crecido de la noche a la mañana, se limitó a gemir.

La madre de Leo, Celia, entró apresuradamente en la habitación con un termómetro y se lo puso en la boca sin pronunciar palabra. Al cabo de unos minutos miró el termómetro: treinta y ocho y medio. Sin duda tenía fiebre.

—Hoy te quedás en casa —anunció, e hizo ademán de marcharse de la habitación—. Te prepararé un caldo.

—¡Pero, mamá hoy no puedo quedarme en casa! —protestó Leo con voz débil a sus espaldas.

Celia se volvió lentamente desde la puerta. No podía dar crédito a sus oídos.

—Dejame adivinar. Hoy es sábado. Y como no hay colegio, ninguna enfermedad es lo bastante grave para obligarte a quedarte en casa —dijo, enarcando una ceja.

—No, hoy tenemos partido de campeonato —corrigió, y empezó a levantarse de la cama.

Su madre se quedó mirándolo por un momento y luego se cruzó de brazos. Siempre adoptaba esa postura cuando se daba cuenta de que estaba a punto de perder en una discusión. En la familia todos lo sabían. Era el gesto que les permitía adivinar que iban a salirse con la suya.

—¡Campeonatos! —exclamó con fingido disgusto levantando los brazos, y salió apresuradamente de la habitación.

Poco después el entrenador Vecchio se plantó ante Leo. Ninguno de los dos despegó los labios durante largo rato.

—Entrenador, tengo que vestirme —dijo Leo por fin con voz ronca.

—No sé qué decir, no tenés muy buena cara —respondió Vecchio. Pensativo, le tocó la frente con la palma de la mano. Estaba caliente. Tenía que tomar una decisión difícil. Se mordió el labio inferior y por fin dijo—: Lo siento, pibe. Estás enfermo.

—No estoy tan enfermo —aseguró Leo, tosiendo y suplicando. Y añadió—: ¡Che! ¡Si uno del otro equipo choca conmigo, puedo contagiarlo!

El entrenador Vecchio se echó a reír y le dio una palmada en la espalda. Por un breve instante Leo pensó que lo dejaría jugar. A continuación el entrenador pronunció un rotundo «No».

Leo, abatido, se miró los pies y escarbó el suelo de tierra con la puntera. Finalmente aceptó su suerte y se alejó para ver el partido desde la banda.

En los primeros diez minutos de juego el equipo contrario marcó y de pronto, como si tal cosa, iban perdiendo 1-0. Leo lanzó una mirada suplicante al entrenador Vecchio, que tardó un rato en dirigirle un gesto de negación con la cabeza. Cuando pasados otros diez minutos el equipo rival había tirado a puerta tres veces más y el Newell's había sido incapaz de organizar un solo ataque, Vecchio ya no pudo más. Sin pérdida de tiempo, se volvió hacia Leo y preguntó:

—¿Cómo te sentís ahora, Pulga?

Leo lo estaba esperando, y sabía qué decir exactamente:

—Gracias por dejarme descansar, entrenador. ¡Ahora me siento de maravilla!

El entrenador Vecchio lo miró de arriba abajo; luego asintió y anotó algo en su tarjeta. Hizo una seña al árbitro, que se acercó a él al trote.

—Voy a hacer un cambio —anunció al árbitro, y le entregó la tarjeta. En la siguiente interrupción del juego, el árbitro miró la tarjeta y, asintiendo, permitió el cambio. Se retiraba un delantero y entraba Leo.

Vecchio se volvió hacia el chico:

—¡No...

Leo ya había recorrido medio terreno de juego.

—... te fuerces demasiado! —concluyó.

Leo, ahora en el campo, dedicó a la abuela Celia una de sus grandes sonrisas. Después, en los siguientes diez minutos, marcó dos goles y dio la victoria al Newell's, así, como si tal cosa. En el segundo tanto, sus compañeros lo rodearon, lo abrazaron y lo lanzaron al aire. Y cuando estaba por encima de todos los demás, miró hacia las gradas y saludó con la mano. Su abuela Celia, de pie, agitaba los brazos con entusiasmo, y aunque ese día el público llenaba las gradas, distinguió sus vítores de los demás y tuvo una sensación de calidez y plenitud.

Cuando sus compañeros lo dejaron de nuevo en tierra, no la vio llevarse la mano al vientre y toser. No tenía la menor idea de que no se encontraba bien, de que disimulaba para que nadie se diera cuenta, en especial Leo. Su abuela no quería que él la viera enferma, y menos cuando él acababa de anotar el gol de la victoria. Celia volvió a sentarse, respiró hondo, y por fin el dolor desapareció.

9
......

La abuela

Leo se echó al hombro la bolsa de deporte y salió corriendo a la calle cuando pasaba lentamente un camión de plataforma. Siempre se subía a algún camión cuando se le hacía tarde y tenía prisa por llegar al club. Lo alcanzó en la siguiente esquina, subió de un salto a la parte de atrás, se tendió en la dura plataforma de madera y contempló el azul puro del cielo.

Cuando el camión aminoró la marcha delante de Malvinas, bajó de un brinco y dirigió un gesto de agradecimiento al conductor del camión, que siguió adelante por el camino de tierra. Luego Leo miró en ambas direcciones y, a todo correr, cruzó la calle, atravesó la verja y entró en el vestuario del Newell's.

El campo seguía mojado, pero no le importó. Dejó caer su balón preferido, lo controló con el pie y empezó a hacer malabarismos, evitando que tocara el suelo: se lo pasó de una rodilla a la otra, luego a la cabeza, y después lo hizo deslizarse por la espalda; le dio de tacón antes de que tocara el césped impulsándolo por encima de la cabeza y lo paró con el pecho. Miró hacia las gradas para saludar con la mano a su abuela Celia.

Pero ella no estaba allí. Soltó el balón. Recorrió las gradas con la mirada a uno y otro lado. Quizá la abuela había cambiado de asiento. Buscó y buscó, pero no la encontró.

Finalmente se encogió de hombros y, con el balón en los pies, avanzó rápidamente hacia la portería contraria, calentando. De pronto oyó una voz que lo llamaba a gritos desde atrás. «¡Leo!» ¡Era Cintia y corría tras él! ¿Qué hacía?, se preguntó Leo. ¿Estaba loca? Fuera cual fuese su intención, empezaba a alcanzarlo, así que él apretó el paso aún más para alejarse de ella. Cuando se volvió para ver si la había dejado muy atrás, se encontró su cara a un palmo de él, bañada en lágrimas. Se detuvo en medio del campo, y ella se acercó y le dijo algo al oído.

Leo la cogió de la mano, y los dos abandonaron a toda prisa el terreno de juego sin detenerse al pasar ante el resto del equipo y los entrenadores. Salieron a la calle, doblaron a la izquierda y enfilaron camino a casa, dejando a todo el mundo en el Newell's Old Boys confuso y desconcertado.

Al cabo de unos minutos, al entrar en casa, Leo supo que las cosas iban mal. En el salón había muchos adultos, que se acercaban a hablar en voz baja a su madre. Ésta, sentada en el sofá, sollozaba y se secaba las lágrimas con un pañuelo. Una persona le cogía la mano y se la besaba, y ella asentía y se enjugaba los ojos. Al ver a Leo, se llevó el pañuelo a los ojos por un momento para ocultarlos, y cuando lo apartó, consiguió esbozar una leve sonrisa y se puso en pie. Él se abalanzó sobre su madre, y ella lo abrazó con fuerza.

—Se fue, Leo —dijo su madre—. La abuela Celia se fue al cielo.

Él hundió la cara en el delantal de su madre tal como había hecho siempre desde muy pequeño. No quería que nadie lo viera llorar. La abuela estaba enferma desde hacía un tiempo, pero no por eso se había perdido ni uno solo de sus partidos. Leo sintió dolor. El mayor dolor que había sentido en su vida fue cuando lo atropelló un ciclista en la calle. Pero éste era peor. Cerró los ojos y vio la cara de su abuela Celia, que le sonreía. Recordó el día que ella le regaló su primer balón y todas las veces que lo apoyó, y cómo convenció al entrenador Apa para que lo incorporara al equipo y abordó personalmente a los entrenadores del Newell's para que le hicieran una prueba. Había estado a su lado en todos los momentos importantes de su vida, y ahora se había ido y él no sabía qué hacer. No sabía cómo seguir viviendo sin ella. Escondió la cara en el delantal de su madre y notó que su padre se acercaba y los abrazaba a los dos, y todos lloraron en el centro del salón. Pero Leo no. Él contuvo las lágrimas.

Finalmente respiró hondo, se apartó de su madre y su padre y salió corriendo de la casa. No paró hasta llegar a su lugar secreto en lo alto de la colina. Y allí, solo, se echó a llorar. Allí donde no podía verlo nadie, excepto Dios. Rezó y habló con su abuela Celia.

Al cabo de unos minutos oyó acercarse a alguien y se secó la cara con la camiseta. No podía consentir que nadie lo viera llorar de esa manera. Pero no era ni su madre ni su padre. Era Cintia.

—Sabía que te encontraría acá —susurró ella.

Leo, aliviado, se apoyó en Cintia, y ella le rodeó los hombros con el brazo y lo sostuvo.

—No me puedo creer que hayás venido hasta aquí, Cintia —comentó él.

—Nunca te había visto llorar —dijo ella, consolándolo.

—Eso no es verdad. Me viste llorar cuando nos cambiaban los pañales estando uno al lado del otro —la corrigió Leo.

Cintia se echó a reír, y de pronto recordó que aquél era un momento triste.

—Perdoná —dijo, avergonzada.

—Ahora la abuela está en el cielo —afirmó Leo, y se santiguó. A continuación miró el cielo azul por encima de Rosario y levantó dos dedos, uno de cada mano.

—¿Y eso qué quiere decir? —preguntó Cintia.

—Ése es mi siguiente gol. Dedicado a la abuela Celia —contestó Leo—. Ahora ya estoy bien. Volvamos.

Cintia asintió, y juntos bajaron la cuesta hacia la casa de Leo.

Cuando el chico llegó, estaba llena de parientes, amigos y vecinos, pero no vio a sus padres. Buscó en todas las habitaciones y finalmente los encontró a los dos sentados en su cama. Entró en el dormitorio y, apretujándose entre ellos, se apoyó en su padre. Su madre sostenía un sobre abierto de la Obra Social.

—Crecí otros dos dedos —anunció él, intentando animarlos.

La madre de Leo empezó a llorar otra vez.

—Primero mamá y ahora esto —dijo, agitando el sobre.

—¿Qué es? —preguntó Leo, temiéndose lo peor.

Jorge cogió el sobre de la mano de su mujer y se volvió hacia él.

—Mi empresa... y la Obra Social... ya no pueden pagar tu medicación —dijo Jorge, vacilante.

—No preocupes al chico con esas cosas, Jorge —dijo Celia en voz baja, apretándole la mano a Leo.

—¿Eso quiere decir que ya no creceré más? —preguntó.

La madre de Leo miró a su marido y luego se secó la cara con el delantal.

—Nada de eso —contestó ella con firme determinación—. Quiere decir que tu padre y yo buscaremos otra manera de pagar los gastos médicos.

—Se volvió hacia su marido—. ¿No es así?

Jorge miró a su hermosa mujer y le tocó la cara con las manos.

—Exacto.

10
......

La búsqueda

Leo, Matías, Rodrigo e incluso la pequeña María Sol, escondidos en el dormitorio, asomaban la cabeza por la puerta y escuchaban a sus padres hablar en voz alta, sentados a la mesa del comedor.

—Iré yo solo, si es necesario —dijo el padre de Leo.

—¿De verdad creés que si la Obra Social no puede pagarlo, lo pagará el Newell's? —preguntó la madre con serias dudas.

—No lo sé, pero voy a averiguarlo —replicó Jorge, cogiéndole la mano—. Aunque sí sé una cosa: ahora no podemos rendirnos.

Leo, rodeado de sus hermanos, se desplomó contra la pared del dormitorio y exhaló un suspiro. En la habitación contigua se produjo un largo y profundo silencio. Leo sintió que le escocían los ojos por el sudor que le caía desde la frente.

—¡Pero yo no tengo la culpa! —se dijo en un susurro.

Matías le dio un ligero coscorrón.

—¡Cortala de una vez! Nadie tiene la culpa. Papá lo arreglará.

Al día siguiente Jorge y Celia se hallaban en el despacho del presidente del Newell's Old Boys, sentados frente al modesto escritorio. Ella estaba al borde del llanto y él tenía preparado su discurso. Cuando el presidente del Newell's entró en el despacho, Jorge se puso en pie y respiró hondo.

El presidente, un hombre de estatura media, vestía un traje y una corbata oscuros que contrastaban con su poblada barba entrecana.

—Señor y señora Messi, encantado de tenerlos aquí. Por favor, señor Messi —dijo, y agitó la mano como si lo apartara—. Siéntese, siéntese.

Jorge tendió la mano. El presidente se la estrechó y, advirtiendo que el padre de Leo aún no se había sentado, esperó un momento. Por fin dijo:

—Siéntese, señor Messi. Ya sé por qué están aquí.

—¿Lo sabe? —preguntó Jorge, y se acomodó lentamente en la silla. No tenía muy claro si aquel individuo le caía bien o no. Apenas habían tratado con él durante todo el tiempo que Leo llevaba jugando en el Newell's Old Boys. Desde luego no se parecía en nada al hombre que presidía el club cuando él, de niño, jugaba en el equipo.

En cuanto Jorge se sentó, el presidente tomó también asiento.

—Claro que sí. Lo sé todo sobre nuestros chicos. Sé, por ejemplo, que ustedes no pueden hacer frente a los gastos médicos de Leo y que su empresa ha dejado de costearlos —dijo.

—Me sorprende que sepa usted detalles tan personales de nuestra vida —comentó Jorge.

—Pues no se sorprenda —contestó el presidente—. Saber esas cosas forma parte de mi trabajo. El Newell's me paga para asegurarme de que en nuestro gran club todo el mundo es... feliz. No sólo los jugadores, sino también sus familias.

Celia dio un apretón en la mano a Jorge.

—Consideramos que Leo tiene un gran potencial —continuó el presidente. Se levantó y se sentó en el ángulo del escritorio—. Y queremos ayudarlos.

Jorge se recostó en la silla y dejó escapar un suspiro de alivio. Celia le cogió la mano y se la estrujó de tal modo que él hizo una mueca de dolor.

El presidente se puso en pie, y lo mismo hicieron Celia y Jorge.

—Si encuentran la manera de pagar la mitad de los gastos médicos de Leo, el Newell's Old Boys cubrirá la otra mitad.

La alegría del momento se redujo a la mitad y se desvaneció.

—La mitad —repitió Celia, haciendo cálculos en su cabeza. Eso ascendería a quinientos dólares mensuales como mínimo. «Se ofrecen a pagar una inyección de cada dos», pensó.

Sin dejarla hablar, Jorge prorrumpió:

—Aceptamos, señor presidente.

Se dieron la mano, y el presidente prometió ponerse en contacto para ultimar detalles, pero les aseguró que pronto recibirían un cheque. Celia, con actitud humilde, dio las gracias a aquel hombre efusivamente.

La primera vez que se retrasó el cheque del Newell's, ni Celia ni Jorge le concedieron gran importancia, pero con el paso del tiempo los cheques llegaron cada vez más tarde, y al final dejaron de recibirlos. Volvían a estar en el punto de partida, sin recursos para afrontar los elevados costes médicos de Leo. Se avecinaba otra crisis. Jorge y Celia se sentaron una vez más a la gran mesa, uno frente al otro. Leo y sus hermanos, asomados a la puerta del dormitorio, escuchaban la conversación de sus padres mientras éstos tomaban una decisión. Si el Newell's Old Boys no ayudaba a Leo con los gastos médicos, buscarían a otro equipo que sí los costeara. Jorge y Celia juraron no rendirse hasta agotar todas las posibilidades. En el fondo de su alma Jorge sabía que Leo podía llegar a ser un futbolista profesional, así que sólo les quedaba un sitio adonde acudir: el mejor club argentino. Esa noche Celia preparó las mochilas de Jorge y Leo. A la mañana siguiente partieron rumbo a Buenos Aires.

11

......

Club Atlético River Plate

El autobús con destino a Buenos Aires llevaba un retraso de cinco minutos. Leo y su padre esperaban en la esquina de la calle, a un paso de su casa. Se habían vestido elegantemente para el viaje. Leo, incómodo por el cuello rígido de la camisa, se revolvía sin parar. Se moría de ganas de quitársela y ponerse una camiseta. Jorge llevaba pantalón formal, camisa blanca y corbata, y se tiraba una y otra vez del cuello porque le apretaba.

El viaje en autobús a Buenos Aires duró cuatro horas. Los asientos de vinilo estaban rajados y remendados con cinta adhesiva de colores naranja, gris y amarillo, y a Leo se le pegaban las piernas. Era un autobús muy viejo. La ventanilla bajaba sólo hasta la mitad, y por más que lo intentaba, no conseguía cerrarla. Durante un par de horas su padre y él respiraron los gases de los tubos de escape de los vehículos hasta que por fin Jorge, ya harto, encajó su americana en la mitad abierta de la ventanilla.

Buenos Aires, envuelta en bruma, surgió como de la nada cuando el autobús llegó a la estación de la avenida Presidente Figueroa Alcorta. Leo y Jorge estaban a sólo unas manzanas del estadio del River Plate, las mayores instalaciones futbolísticas de la ciudad. El estadio se hallaba en lo alto de una pequeña colina que dominaba la ciudad y parecía una pila de tazones, como los que usaba su madre para la sopa. Irían hasta allí en taxi desde la estación de autobuses.

Leo, al ver que el estadio quedaba atrás, brincó en el asiento trasero del taxi y apretó la nariz contra el cristal.

—¿No paramos? —preguntó.

—La cancha donde se hacen las pruebas está un poco más allá, pasado el estadio —informó el taxista.

Leo, decepcionado, se recostó en el asiento. Tenía la esperanza de jugar en el gran estadio donde iconos del Club Atlético River Plate como Gabriel Batistuta y Hernán Crespo habían marcado goles magníficos. Jorge reconoció la expresión de su hijo y le dio un golpe de puño en el hombro.

—No tardarás en llegar a ese estadio, Leo —dijo.

—¿Son ustedes hinchas? —preguntó el taxista.

Leo y su padre cruzaron una mirada.

—Somos de Rosario —contestó Jorge.

—¡Ah! ¡Hinchas de los Leprosos! —exclamó el taxista, y se echó a reír—. Deben de estar muy tristes.

—Nunca me quejo de mi familia delante de desconocidos —repuso Jorge, y él y el taxista soltaron una carcajada.

El campo de entrenamiento contiguo al estadio del River Plate era el mejor que Leo había visto en la vida. Tenía un césped verde y perfectamente cuidado, las líneas estaban bien marcadas, y las redes de las porterías intactas, sin todos esos remiendos con hilos multicolores que en Rosario hacían las madres de los jugadores para reparar los agujeros. Emocionado, cruzó la verja y pisó el campo. Enseguida vio que todos los niños que se presentaban a la prueba para el equipo juvenil formaban una hilera. Se colocó en un extremo y esperó pacientemente.

Jorge habría querido estar más cerca de su hijo, pero tuvo que quedarse al otro lado de una valla. Cuando vio que Leo se ponía en el extremo de la hilera, apretó la cara contra la alambrada. Los entrenadores no se fijaron en él, y Jorge temía que lo dejaran de lado. Agitó los brazos y señaló a su hijo.

Al otro lado de la valla, en el centro del campo, Leo veía a su padre saltar como un loco y señalarlo. Abochornado, desvió la mirada, pero sonrió para sí.

La prueba estaba ya en marcha. Cada jugador llevaba un número de papel enorme prendido de la camiseta. Se formaban dos equipos: el Equipo Amarillo contra el Equipo Rojo. Debía de haber unos setenta chicos esperando a que los llamaran. Los entrenadores observaban atentamente a los jugadores y tomaban notas. Cada jugador disponía de cinco minutos para demostrar su valía. Los mejores obtenían un diez. A eso se reducía todo. Leo aguardó con paciencia, confiando en que no se olvidaran de él. Estaba cansado de la espera, pero deseoso de salir y tocar el balón.

Finalmente uno de los entrenadores lo señaló a él y a unos cuantos chicos más y les indicó que entraran.

Jorge gritó desde el otro lado de la alambrada. Quería que Leo se acercara al grupo que atacaba el balón. Leo al principio parecía desorientado. De pronto miró a su padre. Acto seguido salió como una flecha y arremetió a una velocidad increíble. Robó el balón a un jugador del otro equipo y encaró la portería. Tras dejar atrás a varios jugadores, lanzó un zurdazo con rosca y el balón, superando al portero en su estirada, llegó a la red.

Jorge exhaló un suspiro de alivio.

Los entrenadores del River Plate permanecieron atentos a la actuación de Leo. Le permitieron quedarse en el terreno de juego otros diez minutos y en ese tiempo Leo marcó dos tantos más y dio una asistencia en un tercero.

Cuando por fin le indicaron que saliera, el entrenador le sonrió. Leo se sentó en la banda con los demás chicos. Terminada la prueba, llamaron a cinco. Leo era uno de ellos.

—¿Han venido tus padres? —preguntó uno de los entrenadores con tono amable.

—Mi padre está allí —respondió Leo, señalando a Jorge.

El entrenador asintió, y los dos hombres caminaron el uno hacia el otro y se estrecharon la mano.

—Lo queremos —anunció el entrenador—. Tráigalo al River Plate.

A continuación se alejó y se concentró en los otros chicos.

A Jorge le latía con fuerza el corazón. Leo lo había conseguido. Había superado la prueba en uno de los equipos más importantes de Argentina.

—¿Qué dijo? —preguntó Leo.

—Te quieren aquí, hijo —respondió su padre, intentando ocultar su emoción.

Leo sonrió. Sabía que había jugado bien y creía haberles gustado, pero no quería alardear.

—¿Les dijiste que juego para el Newell's Old Boys? —preguntó Leo inocentemente.

Jorge cambió de humor al instante. Leo lo advirtió y fijó la mirada en su padre.

—¿Qué pasa?

Jorge no había mencionado a los Leprosos ante los responsables del River Plate al inscribir a su hijo. Y el Newell's no cedería a Leo sin ofrecer resistencia... y exigir un precio. Echó una ojeada al campo, buscando al entrenador, y por fin lo localizó cerca de la verja, atento a los otros jugadores.

—Esperá aquí, Leo —dijo, y se acercó trotando al entrenador.

—Oiga, conviene que sepa que mi hijo juega para el Newell's Old Boys y... —Jorge titubeó.

El entrenador no se tomó bien la noticia.

—¿El Newell's? ¿Tiene contrato?

Jorge apretó los labios.

—Sí —contestó—. Tiene contrato.

—Pues comprenderá que ahora tenemos un problema —dijo el entrenador, y se plantó ante Jorge—. Nos veríamos obligados a negociar por él —dijo, exasperado—. Y esos clubes siempre quieren mucho dinero.

—Bueno, seguro que pueden llegar a un acuerdo...

El entrenador lo interrumpió.

—Olvídese —respondió con un gesto tajante—. Buenos días. Gracias por traerlo, pero no nos interesa.

—Dio media vuelta y se alejó sin añadir nada más.

Jorge, impotente, vio salir de sus vidas al entrenador. Con él se esfumaba la última oportunidad de financiar el tratamiento médico de Leo. Al cabo de un momento se serenó y se volvió hacia su hijo, que corrió en dirección a él.

—¿Qué dijo, papá?

Jorge no supo qué contestar. Cerró los ojos y rogó que acudieran a él las palabras que debía decir a Leo.

—No vas a jugar con el River Plate, hijo —respondió por fin—. El futuro te deparará cosas más importantes.

—Pero me pareció que hoy jugué muy bien —replicó Leo, conteniendo las lágrimas, sin saber qué decir o hacer. De pronto se sintió vacío y deseó que su abuela Celia estuviera allí. Ella sí sabría qué hacer.

—No tiene nada que ver con cómo jugaste. Tiene que ver con el negocio del fútbol. Ahí en el campo estuviste fenomenal. Pero hay mucho dinero en juego —explicó Jorge para consolar a su hijo.

—¿Qué vamos a hacer? —preguntó Leo.

—Dejámelo a mí. Ya me ocuparé yo de esto. Vos jugá y no te preocupés. Las cosas ya se arreglarán —aseguró Jorge—. Tienen que arreglarse. —Buscó las palabras y añadió—: ¿Lo entendés? ¡Te querían! Ésa es la clave. Pasaste la prueba. Si el River Plate vio lo que tenés que ofrecer, otros lo verán también. —Se sintió mejor. Sus propias palabras lo tranquilizaron. Sonrió a su hijo. Leo se quedó pensando un buen rato. La certeza de su padre lo reconfortó.

—Me sentí bien ahí en el campo —explicó—. Pero sé que puedo hacerlo incluso mejor.

—Estupendo —dijo Jorge, y apoyando el brazo en los hombros de su hijo, lo guió hacia la verja—. A eso se llama «perseverancia». Vas por el buen camino. Nos volvemos a casa.

Y mientras Jorge y Leo abandonaban el campo del Club Atlético River Plate, no vieron levantarse de repente a un hombre en las gradas, correr a la calle y entrar rápidamente en una cabina telefónica cercana donde, nervioso, metió unas monedas en la ranura y realizó una llamada.

12
......

El visitante

—¿Qué vamos a hacer? —preguntó Celia a Jorge, sirviéndole una humeante taza de café caliente. La mesa de la cocina, normalmente rodeada por toda la familia y repleta de comida, ahora estaba vacía salvo por ellos dos. El viaje de regreso en autobús desde Buenos Aires se había converido en cuatro horas de sueño inquieto y tristeza.

Aunque Jorge sabía lo bueno que era Leo, se daba cuenta de que, por el momento, no existía ningún equipo en Argentina que quisiera a su hijo a toda costa. Necesitaba otra solución, pero ¿dónde buscarla?

De pronto llamaron a la puerta.

—¿Esperás visita? —preguntó Celia.

—No —respondió Jorge a la vez que se ponía de pie.

Leo fue el primero en oír que llamaban. Corrió a la puerta y abrió. Un hombre alto a quien nunca había visto lo miraba desde el porche con semblante serio, pero mirada afable. Iba bien trajeado. Supo de inmediato que era forastero porque se veía que no estaba acostumbrado al calor de Rosario.

—¿Tú eres Leo? —preguntó el hombre, y sonrió—. He venido de muy lejos para verte.

El desconocido se presentó y le tendió la mano.

—He venido desde Barcelona para hablar contigo y con tus padres.

—¿Barcelona? —repitió Jorge, atónito, y le estrechó la mano empezando a comprender que aquél no era un visitante cualquiera.

—Sí. Represento al Fútbol Club Barcelona —respondió el hombre.

—¿El Bar-Barça? —dijo Leo, tartamudeando.

El hombre sonrió y asintió.

—Sí, Leo, el Barça. ¿Has oído hablar de nosotros? —preguntó en broma.

Incluso Leo se dio cuenta de que el hombre no hablaba en serio. En Rosario todo el mundo conocía el Barça.

—Pase —ofreció Celia—. ¿Quiere beber algo frío? ¿Agua? ¿Limonada?

El visitante asintió, entró y se sentó cerca de la mesa.

Bebió limonada casera y luego tomó café y comió alfajores, las golosinas preferidas de Leo. Entre bocado y bocado, explicó que unos hombres habían visto a Leo en Buenos Aires y telefoneado a Horacio Gaggioli, un *scout* al servicio del FC Barcelona. Gaggioli colaboraba con Josep Maria Minguella, que había llevado a muchas estrellas del fútbol al Barça. Como el visitante buscaba jóvenes promesas para el club, Minguella, que era asesor de Joan Gaspart, presidente del FC Barcelona, le pidió que cruzara el Atlántico y visitara Rosario para ver a un niño que estaba deslumbrando a todo el mundo. Era la primera vez en la historia del club que el Barça enviaba a un *scout* para buscar a un talento en otro país que no fuera España.

—Estamos haciendo historia —dijo el hombre mientras masticaba otro alfajor y sonreía.

La familia Messi tenía parientes en la ciudad de Lleida, que está a unos ciento cincuenta kilómetros de Barcelona. Debido a eso, en el Barça todos creían que en Barcelona la gente aceptaría bien a Leo como uno más de los suyos.

Celia, pensando que todo ocurría muy deprisa, dijo:

—Leo es demasiado joven para irse a vivir a Barcelona.

El *scout*, para tranquilizarla, explicó cómo era el centro de formación del FC Barcelona, La Masia, una antigua casona de labranza situada frente al Camp Nou, el estadio del club, donde niños de toda España estudiaban las materias académicas. Y en su tiempo libre aprendían a jugar al fútbol con el magnífico equipo técnico del FC Barcelona.

—Reciben la mejor educación formal y la mejor preparación futbolística al mismo tiempo —explicó el visitante—. Aprenden valores y modales y también les enseñamos a ser grandes en su futura profesión de futbolistas.

—Bueno, no podríamos ir todos, y la familia nunca se separó —contestó Celia, dirigiéndose a Jorge y los niños. María Sol estaba en su sillita alta manchándose de comida, ajena a la conversación.

—Era el sueño de la abuela Celia —afirmó Leo.

En la estancia se produjo un silencio sepulcral. El forastero lo miró fijamente.

—Hay otra cosa —dijo, guardándose lo mejor para el

final—. Si aceptan a Leo en La Masia, pagaremos todos los gastos médicos.

El salón quedó de nuevo en silencio. Todos dejaron de respirar.

—¿Usted qué opina, señor Messi? —preguntó el hombre al cabo de un momento.

Jorge sonrió.

—¿Quién soy yo para poner en duda un milagro? El visitante desplegó una sonrisa radiante.

—Pero si nos trasladamos a Barcelona —prosiguió Jorge—, ¿dónde trabajaría yo? Tengo que mantener a mi familia.

El forastero asintió con la cabeza. Ya había previsto esas preguntas.

—El club lo ayudará a encontrar un empleo. El Barça hará que todo sea posible, señor Messi —afirmó, y volvió a sonreír.

Al cabo de media hora, el visitante mágico, sentado en el sofá del salón, tenía el auricular del teléfono al oído.

Josep Maria Minguella descolgó nada más sonar el timbre. En Barcelona era muy temprano por la mañana, y Minguella esperaba la llamada de su *scout*.

Intercambiaron las cortesías de rigor, y luego puso una llamada a tres con el director deportivo del Barça, Charly Rexach, que estaba en Australia, donde se celebraban los Juegos Olímpicos. Los tres hombres, en tres continentes distintos, conversaban ahora sobre un niño de Rosario, Argentina. Era plena noche para Charly Rexach, y a diferencia de Minguella, habría preferido estar durmiendo.

—¿Qué edad tiene? —preguntó Rexach, aturdido.

—Doce —respondió el forastero.

—Como sabes, especifiqué que quería a un chico de dieciocho años —dijo Rexach.

—Leo Messi juega mejor que un chico de dieciocho años —se apresuró a contestar el *scout*.

—¿Eso es verdad, Minguella?

—Viendo los vídeos, está claro que el chico es excepcional —respondió Minguella de inmediato.

Rexach, al otro lado de la línea, suspiró mientras los primeros rayos de sol asomaban por el horizonte ante su ventana.

—Me reuniré con vosotros y con el chico en Barcelona dentro de dos semanas —dijo.

—¡Gracias! —contestó el *scout* levantando la voz.

Entusiasmado, enseguida se despidió de Minguella, que tenía que marcharse a trabajar.

—Más vale que tengas razón —dijo Rexach, y colgó.

El *scout* sonrió para sí, colgó suavemente el auricular en la horquilla y, con tono triunfal, susurró:

—La tengo.

13
......

Aventurarse a lo desconocido

Leo, con la nariz pegada a la ventanilla del avión, vio desfilar abajo el paisaje argentino y pensó que parecía un tablero de ajedrez.

En realidad no le gustaba la idea de alejarse de su casa en Rosario, así que para él ese viaje era toda una hazaña. Aventurarse a lo desconocido lo puso nervioso. Se desperezó en el asiento para relajarse y, al oírlo chirriar, sonrió.

El vuelo a Barcelona duró quince horas. Leo intentó ver las películas, pero sólo podía pensar en jugar con el Barça. Miró a su padre. Jorge dormía como un tronco. Se encogió de hombros, se levantó y se acercó al puesto de servicio en la parte delantera del avión, donde varios auxiliares de vuelo trajinaban con platos y bandejas.

—Me dijeron que si quería algo, sólo tenía que pedirlo. ¿Se acuerdan?

—Claro —contestó una de las azafatas—. ¿Qué podemos hacer por ti?

—Quiero ver *El peque se va de marcha* —dijo Leo—. Es una película.

Las azafatas se miraron. El auxiliar de vuelo lo encontró gracioso.

—Habría imaginado que querrías ver *Jungla de cristal*, pero no *El peque se va de marcha*.

—Es mi película favorita —explicó Leo—. Trata de un bebé que se escapa de casa y tiene muchas aventuras en la gran ciudad. Nadie espera que el bebé haga cosas asombrosas.

—Y el bebé menos que nadie —intervino una azafata, y todos rieron.

Al cabo de quince horas, Leo y su padre abandonaban en taxi el aeropuerto. Fueron directamente a un céntrico hotel de Barcelona, que no estaba muy lejos del Camp Nou. Leo mantuvo la cara contra la ventanilla del vehículo durante los veinte minutos del trayecto y contempló maravillado el paisaje urbano barcelonés. Nunca antes había visto una ciudad como ésa. Al cabo de un par de días Leo ya no soportaba más estar encerrado. Durante ese tiempo su padre y él permanecieron en su habitación de la octava planta, bajando sólo para comer y comprobar si tenían algún mensaje. Pero no había noticias. A Leo lo enloquecía la sola idea de saber que el Camp Nou estaba relativamente cerca del hotel. Tenía que ver el estadio, pero Jorge insistió en que convenía quedarse en la habitación por si el club telefoneaba.

Cuando Leo ya no aguantaba más la espera, cogió su balón, salió furtivamente de la habitación y corrió por el pasillo hasta los ascensores.

14
· · · · · ·

El final del arco iris

Cuando el ascensor llegó al vestíbulo y se abrieron las
puertas con un susurro, Leo se asomó y miró primero a
un lado y luego al otro. No había moros en la costa. Se
dirigió al trote hacia la puerta del hotel, y ésta se abrió
automáticamente. Al cabo de dos segundos estaba fuera,
en la plaza España. Después del silencio del hotel, la calle
era una sinfonía de coches y camiones, autobuses y motos;
el tráfico fluía incesantemente. Leo miró a la derecha,
sabiendo que en esa dirección, no muy lejos, estaba el
Camp Nou, un estadio inmenso como nunca había visto.
Dejó caer el balón, lo pateó y corrió por la acera tras él
tan deprisa como pudo, pasándoselo de un pie a otro,
fintando entre los transeúntes, haciéndolo rebotar en los
árboles alineados a lo largo de la concurrida calle,
siempre con un control total.

Cuando Leo estuvo delante del Camp Nou, encontró
todas las puertas cerradas. Eso ya lo preveía. Miró al
frente, y ahí estaba la tienda del museo del club. Los
turistas entraban para comprar suvenires y ver el campo a
través de las vidrieras. Se detuvo y sacó una hoja plegada
del bolsillo trasero. Era un plano del estadio. Lo examinó
con atención, volvió a doblarlo y se lo guardó otra vez en
el bolsillo. Ubicó lo que buscaba. Echando a correr, con el

balón controlado, zigzagueó entre los turistas que entraban en la tienda del museo. Tras la siguiente curva, desde donde ya no se veía la tienda, se detuvo. Ahí estaba lo que buscaba: una de las entradas de servicio. «Igual que en el plano», pensó. Esperó. Y esperó. Pasaron diez minutos. De pronto lo oyó: el leve zumbido de un motor eléctrico. El sonido fue creciendo en intensidad y finalmente la puerta de servicio se abrió. Un hombre al volante de un carrito eléctrico cargado de cajas salió y se dirigió hacia la tienda del museo. Leo se apretó contra la pared, y cuando el carrito torció a la izquierda, hizo lo que tenía que hacer. Las puertas se cerraron automáticamente. ¡Había conseguido entrar!

Paró en seco. Ahí estaba, justo delante suyo. El terreno de juego del Camp Nou. Las gradas eran descomunales y ascendían hacia el cielo. En ese momento se hallaban vacías, salvo por unos cuantos empleados que barrían el suelo. A Leo le parecieron hormigas. Toda su vida había soñado con estar ahí, y ahora tenía ante los ojos uno de los mayores estadios de fútbol del mundo. Cogió el balón y, respetuosa y cautamente, salió al campo. Se acercó a la línea de banda más próxima a él, pero no se atrevió a cruzarla. «Jugar aquí en el Camp Nou es un honor que hay que ganarse a pulso», pensó. Aún no tenía contrato con el Barça, así que era impensable patear el balón sobre ese césped. Además, no estaba ahí para ver el estadio. Tenía otra cosa en la cabeza.

Sabía adónde ir. Ni siquiera necesitaba el plano.

Rodeó el terreno de juego, entró en el túnel situado al otro lado y, al salir, se detuvo.

Justo frente a él había otro campo de fútbol, éste considerablemente menor que el Camp Nou. Se hallaba entre la avenida de Joan XXIII y la calle de la Maternitat, y más allá de este miniestadio estaba lo que buscaba. Reconoció el viejo edificio de inmediato. «¡La Masia!», musitó a la vez que se acercaba.

Leo sabía todo lo que había que saber sobre La Masia. Sabía, por ejemplo, que se construyó en 1702 como alojamiento para los arquitectos que construyeron el campamento militar que existió donde ahora se alza el Camp Nou. Sabía también que cuando el Camp Nou se convirtió en sede del FC Barcelona, La Masia pasó a ser la residencia de los jugadores del fútbol base. Leo lo sabía todo sobre La Masia, excepto una cosa. Ignoraba cómo era por dentro.

Avanzaba hacia las grandes puertas de madera de La Masia cuando de pronto éstas se abrieron y apareció en el umbral un jugador aproximadamente de su misma edad. Enseguida otros dos un poco mayores se unieron a él.

Leo se quedó inmóvil. Deseó echar a correr. Pero no tuvo tiempo. El primer jugador le lanzó una mirada amenazadora y dijo:

—¿Qué haces tú aquí?

Leo, nervioso, contestó con su acento argentino que había entrado por la puerta de servicio desde la calle. Usó la palabra argentina, «potrero», que se parece mucho a la palabra «portero», o sea, guardameta. Los chicos prorrumpieron en carcajadas.

—¿Has entrado desde el «portero»?

Riéndose más aún, se encaminaron hacia él.

—Creo que vamos a tener que echarte de aquí —dijo el de la izquierda, el más alto.

Leo no lo dejó acabar la frase. Se dio media vuelta y corrió cuesta abajo. Los tres chicos lo vieron alejarse y rieron. El alto, que se apellidaba Piqué, se volvió hacia el tercer niño, que era más o menos de la edad de Leo, y dijo:

—Volvamos adentro y acabemos de comer, Cesc.

Los chicos asintieron y volvieron a entrar en La Masia. Leo no paró de correr hasta que llegó a la puerta de servicio y pisó el sensor en el asfalto. Cuando se abrieron las puertas automáticamente, las atravesó a toda prisa, y una vez más se encontró en la calle, y no paró hasta llegar al hotel.

Jorge permaneció sentado en la silla y, fascinado, oyó contar a Leo sus aventuras de ese día. Pidió a su hijo que le diera todos los detalles, desde las estaturas de los chicos hasta los colores de sus camisetas. Leo, en medio de la habitación, describió a los chicos, y Jorge se limitó a cabecear en actitud de asombro.

—¡Tuviste un día extraordinario! —exclamó, y abrazó a su hijo—. ¡Lástima que no hayás podido ver La Masia por dentro.

—Algún día, papá —dijo Leo—. Algún día.

15

......

La espera

Jorge, enfadado, lanzó la ropa a la maleta.

—¡Cómo es esta gente! ¡No me lo puedo creer!
—protestó, arrojando su último pantalón a la maleta y
cerrándola bruscamente. Se sentó encima para
comprimirla y luego poder correr la cremallera.

Leo, en el otro extremo de la habitación, sacaba
tristemente su ropa de un cajón, prenda por prenda, y la
echaba a su maleta, abierta sobre la cama.

—¿Por qué no hicieron una oferta? —preguntó Jorge,
acercándose a su hijo para ayudarlo con la maleta—. ¡Dos
semanas! ¡Nadie tendría que esperar dos semanas por
nada! —Agarró unos calzoncillos de Leo, los miró, hizo
una mueca y los metió en la bolsa—. ¿Alguna vez los
echás a lavar?

Leo suspiró y asintió.

Jorge había hablado con Gaggioli y Minguella casi a
diario. Y cada día le aseguraban que al día siguiente el señor
Rexach regresaría de los Juegos Olímpicos de Australia y
vería jugar a Leo. Jorge estaba convencido de que su hijo
sería admitido en el equipo juvenil del FC Barcelona y el
Barça les haría una oferta. Sin embargo, pasaban los días,
Rexach no aparecía, y Jorge perdió la paciencia. Tenía ya la
impresión de que se volverían a casa con las manos vacías.

Cuando Jorge estaba nervioso, Leo también lo estaba. Era una de esas cosas entre padre e hijo. Al chico le daba pena ver a su padre así y temía que nunca lo superara. Para él, lo más importante era jugar al fútbol. Si no podía hacerlo en Barcelona, lo haría en Argentina.

Por fin Leo acabó de hacer la maleta, y Jorge cogió el teléfono y marcó un número. Cuando Horacio Gaggioli, el agente, contestó, le anunció que ya habían hecho las maletas y estaban listos para volver a Rosario.

—Se lo ruego, señor Messi —dijo Gaggioli, desesperado, al otro lado de la línea—. Quédese un día más. Hemos organizado un partidillo mañana con algunos de los chicos mayores. El señor Rexach ha regresado de Australia y ha prometido venir a ver jugar a Leo. ¿Qué me dice? ¿Un día más?

Jorge se apoyó el auricular en el pecho y miró a su hijo, que, sentado sobre su maleta en el otro extremo de la habitación, intentaba apretujar el contenido lo suficiente para cerrarla. Leo lo miró con expresión suplicante. Jorge dejó escapar un suspiro.

—De acuerdo, señor Gaggioli. Un día más.

Su hijo desplegó la mayor sonrisa que le había visto jamás. Jorge, ya más tranquilo, colgó y Leo se echó a sus brazos.

—Gracias, papá —dijo, y hundió la cara en el pecho de su padre.

—No tenés por qué darme las gracias. ¿De verdad creés que habría dejado pasar esta gran oportunidad para vos? Como suele decirse —añadió Jorge—, a veces hay que jugar duro.

Leo lo abrazó con más fuerza y sonrió de oreja a oreja. Aunque llevaba esperando dos semanas, la espera hasta el día siguiente se le hizo interminable.

A la mañana siguiente Leo fue corriendo hasta el Camp Nou. «Éste es el día», pensó. Era el día que se incorporaría al equipo juvenil. Lo verían jugar. Necesitaba emplearse a fondo en el partido de exhibición de ese día. Nunca se sabía quién podía estar mirando. Su padre caminó a un paso más relajado y disfrutó de las vistas urbanas, orgulloso de sí mismo por haberse mantenido firme ante el FC Barcelona. El partido programado con los chicos de catorce años en el Campo Tres del Miniestadi, el estadio más pequeño contiguo al Camp Nou, empezaría puntualmente a las trece horas.

Cuando Leo se acercó al vestuario, el equipo estaba ya formado en una pequeña extensión de césped. El entrenador lo vio de inmediato y lo llamó.

—¡Leo! ¡Ven aquí!

Leo se aproximó y ocupó un lugar en la alineación. Los tres chicos que lo habían intimidado aquel otro día frente a La Masia, Andrés Iniesta, Piqué y Cesc Fàbregas, estaban ya ahí.

—Chicos, quiero que conozcáis a nuestro nuevo delantero, Leo Messi —dijo el entrenador, rodeando los hombros de Leo con el brazo.

Todo el equipo lo aplaudió. Leo no podía creérselo.

—¡La Masia es para quienes se la ganan! —exclamó Piqué, y los tres se rieron.

Leo, avergonzado, asintió mientras los tres le daban palmadas en la espalda.

El entrenador se acercó corriendo e instó a los chicos a prepararse.

—Tú en la delantera, Leo —ordenó al pasar junto a él.

Minutos después, ya en el campo, Leo ocupó encantado su puesto.

Miró a la izquierda, y Cesc, con una gran sonrisa, le guiñó el ojo. Miró atrás, y ahí estaba Andrés, en el centro izquierda, con Piqué justo detrás de él, en el eje del medio campo.

Leo, plantado en el césped durante una milésima de segundo, rodeado por Piqué, Andrés y Cesc, supo que era capaz de cualquier cosa. La espera había terminado.

Empezó el partido.

Jugaban contra el equipo juvenil de menores de catorce años, y era gente dura. Desde el primer pase, Leo se sintió de maravilla. Sabía que los otros chicos confiarían en él en cuanto lo vieran en acción. Siempre era así. Y tan pronto como se ganara su confianza, le cederían el balón y él haría lo que siempre hacía, dar la última asistencia o culminar una carrera hermosa con un gol. Sabía que todas las piezas encajarían. Era el partido más importante de su vida. Pero estaba tranquilo. Relajado. Estuviera donde estuviera, en cuanto pisaba el campo, se sentía en su medio natural. En su casa.

Leo conocía el tiqui-taca, el sistema de juego del Barça, por los muchos encuentros que había visto en televisión. Lo había aprendido por su cuenta allá en Rosario. Pases cortos con buen ritmo. Recibir. Centrar. Moverse.

Y de pronto ocurrió. Recibió el pase de Andrés y se adentró corriendo en el área con el balón pegado al pie izquierdo. El tiempo se detuvo. Los defensas quedaron rezagados. Eran jugadores del Barça sub-14, y él era dos años más joven y medía un palmo menos, pero eso en realidad daba igual. Leo era un relámpago, y el balón voló hasta el fondo de la red.

El primer gol de Leo en el mundo barcelonista. En las gradas todos se pusieron en pie y lo vitorearon con delirio. El rugido del público vibró en el pecho de Leo y lo inspiró. Levantó los dedos hacia el cielo y dedicó el gol a su abuela Celia.

Josep Maria Minguella esperaba en las gradas a Rexach, que llegaba con retraso. Por fin Carles (Charly) Rexach apareció, cansado y con *jet lag* después del vuelo desde Australia. Entró en el Campo 3 desde la parte de atrás, como siempre hacía, y recorrió la banda hasta su asiento. De pronto vio a Leo en el terreno de juego. ¿Cómo no iba a verlo? Era el niño más pequeño de todos. ¿Qué hacía con ese balón? Engañó totalmente a los rivales pasándose la pelota de un pie a otro. De pronto Leo se detuvo en seco, amagó y, tras un giro de ciento ochenta grados, sin vacilar, empujó el balón al frente, manteniendo el control en todo momento. Un cambio de dirección perfecto. ¿Cómo podía alguien de esa edad y de tan baja estatura pensar siquiera una cosa así? Observó a Leo atentamente, sin salir de su asombro.

Minguella vio a Rexach avanzar por la banda y,

sorprendido, advirtió que se detenía y se quedaba mirando. Minguella bajó por las gradas en su dirección y lo saludó.

—Estamos sentados allí, Charly —dijo, estrechándole la mano.

Rexach se rió.

—¿Así que éste es nuestro chico? —preguntó.

—Leo Messi —respondió Minguella con orgullo—. El chico de Rosario. El que has venido a ver.

—¡Gracias! —dijo Rexach, sin apartar la mirada de Leo.

Al cabo de quince minutos, cuando Leo había marcado otros dos goles, Rexach, de pie, lo vitoreaba con el resto del público. Entusiasmado, se volvió hacia Minguella y dijo:

—Tenemos que contratarlo.

—Me alegro de que coincidamos —convino Minguella, intentando ocultar su júbilo.

—Este chico es distinto —declaró Rexach. Leo le recordaba a otro genio argentino, uno que ayudó al Barça a conquistar en 1983 la Copa del Rey y la Copa de la Liga: Diego Maradona.

—Más vale que te avise: su padre estaba muy enfadado con nosotros por hacerlos esperar dos semanas. Horacio ha tenido que tranquilizarlo y convencerlo para que se quede. Ya tenían las maletas hechas y estaban a punto de marcharse.

Rexach miró a Minguella y asintió. El chico era un prodigio, de eso no cabía duda. No podía dejarlo escapar. Nunca se lo perdonaría.

—Bueno, Josep, amigo mío —dijo Rexach, echando un brazo a los hombros de Minguella—. Si Leo Messi puede esperar quince días a mi llegada, yo puedo tomar una decisión sobre él en uno solo.

—Sí —contestó Minguella, muy contento.

Rexach cabeceó en un gesto de asombro mientras Leo seguía dominando al equipo de mayor edad.

—Vamos a hablar con su padre —propuso.

16

......

La servilleta

Leo, en medio de la terminal del aeropuerto de Barcelona, acompañado de su padre, vio a Celia Messi y María Sol salir del avión y corrió hacia los brazos de su madre y la abrazó con fuerza. Celia sollozó, abrumada por la bienvenida, y Leo, sintiendo el estremecimiento de su madre, la estrechó más aún. Las lágrimas corrían por su rostro, y no le importó. Dejó de disimular el llanto tras la muerte de su abuela Celia. Jorge se sumó al abrazo mientras Celia Messi sacaba un pañuelo del bolso y se enjugaba la cara; luego se lo dio a Leo, y éste se rió. La había echado mucho de menos y ahora estaba por fin ahí. No la veía desde hacía un mes.

Matías y Rodrigo salieron poco después, y cuando vieron a su hermano menor, se abalanzaron sobre él y casi lo derribaron.

—¡Los Tres Mosqueteros! —exclamó Matías—. ¡Juntos otra vez!

Hundió la mano en el cabello de Leo y se lo revolvió. Jorge se acercó y toda la familia Messi compartió un enorme abrazo, con Leo en el centro, allí en medio de la terminal del aeropuerto de Barcelona. Después del abrazo, salieron todos juntos de ahí.

—¿Tiene ya un contrato? —preguntó Celia a Jorge mientras caminaban.

—No exactamente —contestó él con un titubeo. El FC Barcelona venía pagándolo todo, pero Leo no tenía aún un contrato por escrito.

—«No exactamente» no es un «sí» —observó Celia, lanzando una mirada a su marido.

—Aseguran que no tardarán en tenerlo listo —contestó Jorge, manteniendo la puerta abierta para dejar pasar a su mujer.

Ella lo miró. Le constaba que él hacía todo lo posible por ayudar a su hijo. Esta vez habían recorrido un largo camino después de ser rechazados ya un par de veces. Ése era el viaje más largo que habían hecho hasta entonces y la inquietaba que todo pudiera venirse abajo en el último momento, tal como había ocurrido en el Newell's y el River Plate. En lugar de hacer reproches a Jorge, le dio un beso en la mejilla y le dijo que estaba llevándolo todo muy bien. Luego se dirigieron hacia el coche que los esperaba para llevarlos de regreso al hotel. Jorge fue el último en subirse a la larga limusina y, una vez dentro, rodeó los hombros de Celia con el brazo. Había sido un largo vuelo, y ella se alegraba de tener a toda la familia reunida de nuevo.

—Dice Rexach que firmaremos un día de éstos —le susurró Jorge al oído.

—¡Dos meses ya! —exclamó Celia, apartándose de la ventana con vistas a la ciudad de Barcelona.

Jorge veía la frustración en su cara. Hacía casi dos meses que habían desembarcado del avión en su viaje desde Rosario. Seguía sin haber contrato. Celia decidió que tenía que plantarse firme.

—El Barcelona empieza a parecerse mucho al Newell's y al River Plate, y Leo necesita sus inyecciones. Se nos acaba el dinero. Lo hemos arriesgado todo y lo único que tenemos es esta habitación de hotel y un montón de ropa sucia. Si no van a fichar a Leo, debemos irnos a casa.

Matías y Rodrigo veían la televisión en el dormitorio. Leo tenía la oreja pegada a la puerta cerrada y escuchaba con atención a sus padres.

—De acuerdo, llamaré —dijo Jorge—. Llamaré a Charly Rexach.

La sala de juntas del FC Barcelona era elegante. Una antigua mesa alargada dominaba el espacio. Una pared entera de cristal ofrecía una amplia panorámica del Camp Nou. Cuando Charly Rexach entró, los otros directivos, *scouts*, agentes y ejecutivos se encontraban ya allí. También estaba Joan Gaspart, el presidente del FC Barcelona.

—Refréscanos la memoria, Charly —dijo Gaspart—. ¿Por qué se nos pide que fichemos a un niño de doce años de Rosario, Argentina?

—Porque me pediste que buscara lo mejor —contestó Rexach, sonriente, mientras se acomodaba en su silla. Las demás personas sentadas en torno a la mesa se rieron—. Imagina que no te proporcionara sólo al mejor juvenil que hemos visto, sino quizá la mejor inversión de este club en años. ¿Cómo quedaría eso en mi historial profesional?

Gaspart sonrió a su viejo amigo Charly Rexach y a Josep Maria Minguella.

—No esperaría menos de ti.

—El chico es obviamente muy especial —intervino Horacio Gaggioli, el agente—. Nos pidió que buscáramos jugadores con talento fuera de España y hemos encontrado lo mejor.

Gaspart miró alternativamente a los miembros de su equipo.

—Es demasiado joven —adujo uno de los directivos.

—Y demasiado pequeño —añadió otro.

—Por eso es aún más asombroso —opinó Minguella.

—Yo tenía doce años cuando entré en el Barça —dijo Rexach, fijando su mirada en la de Gaspart.

Se produjo un largo y profundo silencio en la sala.

—Corren tiempos difíciles para nuestro fútbol base —dijo Gaspart—. Eso tienes que saberlo, Charly.

—Y nuestro cometido es invertir en el futuro del club. ¿Por qué, si no, mandamos a Gaggioli en su gran misión a Argentina? —dijo Rexach.

—Messi es precisamente lo que necesitamos —afirmó Gaggioli.

Rexach se puso en pie, rodeó la mesa para acercarse al lugar que ocupaba Gaspart y se detuvo ante él.

—Mira, yo pedí un jugador de dieciocho años. Cuando Horacio me trajo a uno de doce, me enfadé. Y luego vi jugar al chico. —Rexach movió la cabeza en un gesto de asombro—. Es distinto. ¡Y podemos convertirlo en algo extraordinario!

Joan Gaspart tardó largo rato en contestar.

—Más vale que tengas razón, Charly —dijo por fin—.
Es mucho lo que apostamos por él.

—Sí —coincidió Rexach—. Pero su familia también.
Lo han arriesgado todo por venir aquí. Pido autorización
para ofrecerle un contrato. —Dicho esto, se dio media
vuelta y regresó a su asiento.

Cuando Rexach ocupó la silla, Joan Gaspart le sonrió
y asintió.

—Autorización concedida, Charly. Ya redactaremos
algo. Puede que nos lleve un tiempo.

Rexach se levantó.

—Con el debido respeto, no tenemos tiempo.

Gaspart escrutó a sus hombres y supo que hablaban en
serio. Pero había un procedimiento que seguir. La
maquinaria del Barça no era algo que fuera a cambiarse
por un niño de Rosario.

Cuando Charly Rexach cogió el ascensor y bajó a la
calle, sabía ya qué debía hacer. Se dirigió a la cabina de
teléfono más cercana, llamó a Jorge Messi y le invitó a
comer a él y a su hijo. Los adornos navideños decoraban
ya toda la ciudad y lo animaron en su paseo hasta el Club
de Tenis Pompeia. Sería una feliz Navidad para la familia
Messi.

Jorge y Leo estaban ya sentados a la mesa cuando
Rexach llegó al club. Como en el restaurante lo conocía
casi todo el mundo, se entretuvo en saludar a amigos y
allegados, abriéndose paso lentamente hacia la mesa por
el concurrido comedor, donde Jorge y Leo bebían
limonada y comían pastas. Aunque no hacía mucho frío,
ya era 14 de diciembre.

Jorge estaba preparado para recibir a Rexach cuando éste se detuvo junto a la mesa y se sentó.

—¿Trajo el contrato? —preguntó, impaciente.

Rexach se removió incómodo en la silla.

—Todavía no —respondió—. Necesito más tiempo. Pero no se preocupe. Me han dado autorización para ofrecerle un trato, pero el Barça es un gran club, y a veces estas cosas llevan su tiempo.

Jorge estaba a punto de estallar.

—Oiga, hay que pagar los gastos médicos de Leo y con tanta espera se nos está acabando el dinero. Debe entender que lo arriesgamos todo por venir aquí. No podemos esperar más. O firmamos un contrato o nos volvemos a casa.

Jorge era franco e iba al grano, y a Rexach le gustaba eso de él. Supo qué tenía que hacer.

—No podría estar más de acuerdo, señor Messi. Usted quiere lo mejor para Leo, y nosotros también —afirmó, y llevándose la mano al bolsillo interior de la chaqueta, sacó un bolígrafo. Se palpó los bolsillos en busca de algo más y, como no lo encontró, se puso en pie—. Disculpe.

—Se acercó a la barra, cogió unas cuantas servilletas, regresó apresuradamente a la mesa, desplegó una de las servilletas y empezó a escribir—. Creo que las condiciones le parecerán bien. Leo vivirá en La Masia y se le pagará. Nos haremos cargo de todos sus gastos médicos, y a usted le buscaremos un empleo en la organización del FC Barcelona. Por supuesto, debe acceder a trasladarse a España, y Leo tendrá que solicitar la residencia, pero eso no será difícil, dado que tienen ustedes parientes en Lleida —explicó Rexach, apartando la vista de la servilleta de papel en la que estaba escribiendo.

—¡Un contrato en una servilleta de papel! —exclamó Jorge, estupefacto.

Leo se echó a reír, pese a que no sabía bien de qué hablaban los adultos. Rexach se rió también.

—Por lo general, siempre llevo encima papel, pero he salido con prisas para venir a verlos. —Acercó a Jorge el contrato escrito en la servilleta desplegada—. Dígame si me he dejado algo.

Jorge repasó ávidamente el contrato improvisado en la servilleta, lanzando alguna que otra mirada a Leo y sonriendo. Aquello era todo lo que habían soñado y más. Cuando terminó de leer, miró a Rexach con una sonrisa, feliz como nunca en la vida. Devolvió la servilleta al representante del FC Barcelona y asintió.

—Trato hecho.

Charly Rexach exhaló un suspiro de alivio. Más de una persona en el mundo, incluidos los directivos del Newell's Old Boys y el River Plate en Argentina, iba a arrepentirse de haber dejado escapar a aquel genio.

Concluida la comida, Rexach dio las gracias a Jorge y Leo y prometió entregar un contrato más formal lo antes posible. Cuando mostró la servilleta a Minguella y Gaggioli, los dos soltaron una sonora carcajada.

—¡¿Una servilleta?! —exclamó Minguella en voz tan alta que su secretaria entró corriendo en el despacho con un puñado de servilletas para él, convencida de que necesitaba una.

—¡Aquí tiene, señor Minguella! —dijo, acercándole una servilleta a la cara.

Todos prorrumpieron en risas, y Minguella y Gaggioli añadieron sus firmas al pie de la servilleta.

17
......

Adiós, Tres Mosqueteros

Leo, nervioso, se detuvo una vez más ante las suntuosas puertas de La Masia y llamó. Esta vez se abrieron para él. Cesc, Piqué y Andrés estaban allí esperándolo.

—Bienvenido a tu nueva casa, Leo —dijo Cesc.

Leo sonrió. Era como vivir en un sueño.

Al cabo de un momento se vio en el lugar con el que había soñado durante toda su infancia. Los otros chicos se lo enseñaron todo: recorrieron los pasillos, se asomaron a los dormitorios, se quedaron un rato en la cocina disfrutando de los aromas de la comida que preparaban los cocineros. Su última parada fue la sala de informática. Y cuando se acabó la visita guiada, Cesc, Piqué y Andrés lo acompañaron de vuelta a la sala de informática.

—Bienvenido a tu nueva familia futbolera —dijo Cesc.

Leo desplegó una sonrisa radiante.

—Vamos a jugar al fútbol —propuso Cesc.

—¿Ahora? —preguntó Leo.

Cesc soltó una risotada.

—¡Al Fifa!

—¡En la pantalla grande! —exclamó Andrés.

Fueron todos a la sala de medios audiovisuales.

—Yo elijo el Barça —dijo Cesc.

—Pues entonces yo elijo el Old Boys —dijo Leo.

—Yo que tú —advirtió Cesc a Leo en broma— elegiría el Arsenal. ¡Son buenísimos!

Al cabo de seis semanas, un mensajero entregó un contrato formal a Jorge y Leo Messi en su hotel, sin saber lo que había llevado en su cartera de cuero.

Jorge Messi examinó el contrato del FC Barcelona y supo que era un acuerdo extraordinario para todos ellos. Nunca más tendrían que preocuparse por el dinero. Pero siempre decidían las cosas en familia, y ésa no sería una excepción.

—No tenemos que quedarnos todos en Barcelona, Jorge —dijo Celia—. Esto es para vos y para Leo. Los chicos y María Sol necesitan estar en casa.

—Extraño a mis amigos, papá —dijo Matías, y su hermano Rodrigo asintió.

—También yo extraño Rosario, mamá, pero tengo que jugar —dijo Leo, y la abrazó—. Hice nuevos amigos aquí.

Jorge abrazó a su mujer.

—No soporto estar sin vos —musitó él.

—Hablaremos todos los días —aseguró ella—. Hacé todo lo posible para que estemos orgullosos de vos. La abuela Celia te sonreirá desde el cielo.

Jorge, Celia, Matías y Rodrigo rodearon a Leo, y una vez más se encontró en medio de un abrazo de grupo. Pese a que sus sueños estaban a punto de hacerse realidad, Leo tenía miedo.

Se apartó de su familia y contempló la ciudad de Barcelona por el ventanal.

—Papá, ¿y si no soy el Pibe? —preguntó.

—Si no lo fueras —respondió su padre—, no estaríamos aquí.

—Acordate de las palabras por las que vivimos y jugamos, Leo —dijo Matías.

Leo las recitó. Eran las palabras que su padre les había inculcado toda su vida.

—Cortesía, integridad, perseverancia, autocontrol y espíritu indomable —enumeró.

Jorge sonrió.

—Tenés todas esas cosas y también ese espíritu, Leo. Lo tenés desde que tocaste el balón por primera vez. No hay ninguna duda, hijo mío: naciste para ganar. Sos el Pibe.

Leo sonrió de oreja a oreja, estrechó a su padre y contempló Barcelona una vez más por la ventana. Ahora ésa sería su ciudad. Su barrio. Su hogar. Ahora dependía de él demostrar su valía al FC Barcelona y al mundo.

Cuando anunciaron por megafonía el embarque del vuelo 7767 a Buenos Aires, Leo dio besos de despedida a su madre, su hermana menor y sus hermanos y los miró mientras se alejaban. Matías se volvió al llegar a la puerta de embarque y levantó la mano como si empuñara una espada. Rodrigo lo imitó, y Leo casi vio las puntas de sus espadas tocarse. Alzó su propia espada imaginaria en dirección a ellos.

—¡Todos para uno! —exclamaron Matías y Rodrigo.

—¡Y uno para todos! —contestó Leo, también a pleno pulmón.

Acto seguido Matías echó un brazo al hombro de Rodrigo y se rió, y ambos se dieron media vuelta y desaparecieron en el interior del avión.

En la terminal, Leo bajó lentamente su espada imaginaria a un costado, y Jorge, rodeándolo con el brazo, lo guió hacia la salida, donde los esperaba el coche.

—Bien, hijo mío. Ahora que jugás con el Barça, ¿cuántos goles meterás en tu primer año?

Leo sonrió.

—Un montón, papá.

Cuando salieron de la terminal, su chófer, Octavio, se apeó inmediatamente del coche y les abrió la puerta de atrás. Jorge subió, y cuando Leo se disponía a seguirlo, Octavio se inclinó y le susurró:

—Yo también soy argentino y catalán. Hay quien dice que eres el Pibe.

Leo le sonrió.

—Papá, ¿puedo ir delante con Octavio? Quiero que me hable de Argentina —dijo. Cerró la puerta de atrás y se volvió hacia el chófer—. Siempre y cuando a usted le parezca bien.

—¡Claro! —exclamó el hombre.

Leo sonrió y subió.

—Mis amigos me llaman Pulga —dijo.

Octavio desplegó una gran sonrisa y cerró la puerta. Leo se relajó en el asiento delantero. Iban a buscar los papeles para formalizar la solicitud de residencia en

España, y luego volverían al hotel. Tenían mucho trabajo pendiente antes del primer partido. Corría ya el mes de marzo de 2001.

18

······

Rosario, dulce hogar

En Rosario, una calurosa mañana, Celia lleva a María Sol por la calle cogida de la mano, que se le resbala una y otra vez. Matías y Rodrigo las preceden. Se dirigen al campo de fútbol del barrio, para que María Sol vea jugar a los chicos. Los vítores, los gritos y las risas resuenan en el aire, y Celia recuerda el tiempo en que distinguía la risa de Leo de las demás a una manzana de distancia. Cuando llegan al campo, ve que algunos de los chicos visten camisetas del Barça.

En medio del partido, Matías y Rodrigo se reúnen con su madre y su hermanita junto a la valla. Celia siente a su lado el espíritu de su madre. Y cuando mira el terreno de juego, imagina a Leo, el niño más pequeño del equipo, correr hacia la portería, amagar a la izquierda para engañar al defensa, ir a la derecha, pasar el balón por encima del portero y mandarlo al fondo de la red rozando el larguero.

Consulta su reloj y, con los ojos muy abiertos, anuncia al resto de la familia:

—¡Ya es casi la hora! ¡El partido está a punto de empezar! ¿No es increíble! Hoy Leo va a jugar por primera vez con el primer equipo.

Rodeada por sus hijos, Celia vuelve a casa apresuradamente para ver el partido.

19

......

En lo que pueden convertirse los sueños

Cuando Leo entra en el vestuario del Barça, el resto del equipo está ya ahí, cambiándose. Se acerca a su taquilla con actitud reverente. Su nombre es el último de la lista de futbolistas del Barça que la han ocupado antes. La abre y se viste para el encuentro. Es el 1 de mayo de 2005, y antes en este mismo año ha demostrado sus méritos al entrenador Frank Rijkaard en dos partidos, provocando un penalti y creando claras oportunidades de gol. Está a punto de jugar su tercer encuentro con el primer equipo, esta vez contra el Albacete. Tiene sólo diecisiete años y es el jugador más joven.

Un destello azulgrana pasa rápidamente junto a él y le da una palmada en la espalda. Leo alza la vista. Es su amigo Andrés Iniesta.

—¡Hora del espectáculo, Leo! —dice Andrés.

Él asiente, se pone en pie de un salto y sale del vestuario detrás de sus amigos y compañeros de equipo Piqué, Andrés y Ronaldinho.

Para llegar al campo han de recorrer un largo túnel en cuyas paredes cuelgan retratos gigantescos de los actuales jugadores del FC Barcelona. Leo, orgulloso, trota por el túnel hacia la luz y el terreno de juego, rodeado por sus compañeros de equipo. Cuando llegan al final y saltan al césped, el público prorrumpe en un ensordecedor clamor. A Leo le da un vuelco el corazón. Las gradas están llenas de seguidores, y esta vez sí cruza la línea de banda y avanza hacia el centro para la presentación de los jugadores. Cuando oye su nombre, un escalofrío le recorre la espalda. Ha soñado con ese momento toda su vida.

Cuarenta y cuatro minutos después, Andrés pone en juego el balón y lo recibe de nuevo, regatea fácilmente a unos cuantos defensores y combina con Ronaldinho, que hace un globo por encima de la cabeza del último defensa y la coloca en la trayectoria de Leo. Messi controla el balón perfectamente, da un toque más para prepararse y, con toda serenidad, hace una vaselina que supera al portero y envía la pelota entre los tres palos contra el lateral de la red. Se lo ve contento, pero de pronto oye el silbato y ve que el juez de línea levanta el banderín. Fuera de juego. Gol anulado. Leo conserva la calma y sonríe tímidamente. Su primer gol con el primer equipo tendrá que esperar.

Justo un minuto después, como si fuera una repetición de la jugada, Ronaldinho vuelve a colgarla en el área por encima de la defensa. Leo recoge el balón con serenidad y anota de vaselina.

¡¡¡Gooool!!!

Leo salta de alegría, corre hacia Ronaldinho y de un brinco se sube a su espalda. Mientras Ronaldinho trota por el campo con Leo a cuestas, éste levanta los brazos. El público ruge. Leo se deja caer al césped, apunta los dedos al cielo y dedica el primero de muchos goles a su abuela Celia, la mujer que lo inspiró para llegar hasta ahí.

En la banda, el entrenador Frank Rijkaard abraza a su ayudante, Pere Gratacós.

En la tribuna, hacia la mitad del estadio, Jorge Messi se pone en pie, vitorea a su hijo con fervor, ¡y besa al desconocido que tiene a su lado!

En las gradas, por detrás de los banquillos, Josep Maria Minguella, de pie, observa a Leo obrar un milagro en el campo. En la banda, Charly Rexach hincha el pecho, orgulloso del chico de Rosario.

En Rosario, y en toda Argentina, hinchas y familias, el entrenador Apa y el señor Griffa, Gabriel Digerolamo, Ernesto Vecchio y Carlos Morales, el doctor Schwartzstein, camioneros y marinos, verduleros y maestros, futuros futbolistas y colegiales se ponen todos en pie de inmediato, lanzando gritos de júbilo ante sus televisores al ver a su Leo Messi, el Pibe de Rosario, Argentina, marcar su primer gol para el Barça.

Méritos deportivos de Lionel Messi

Barcelona

- La Liga (5): 2004-2005, 2005-2006, 2008-2009, 2009-2010, 2010-2011
- Copa del Rey (2): 2008-2009, 2011-2012;
- UEFA Champions League (3): 2005-2006, 2008-2009, 2010-2011
- Copa Mundial de Clubes de la FIFA (2): 2009, 2011

Argentina

- Medalla de Oro en los Juegos Olímpicos: 2008
- Mundial Sub-20 de la FIFA: 2005

Individual

- Balón de Oro de la FIFA (3): 2010, 2011, 2012 (creado en 2010)
- Balón de Oro (1): 2009 (dejó de existir en 2009)
- Jugador Mundial del Año de la FIFA (1): 2009 (dejó de existir en 2009)
- Futbolista Joven del Año (3): 2006, 2007, 2008

- Futbolista Mundial del Año (3): 2009, 2011, 2012

- Máximo Goleador Mundial de la IFFHS (2): 2011, 2012 (281)

- Jugador del Año de Goal.com (2): 2009, 2011

- Rey del Fútbol Europeo según el diario uruguayo El País (4): 2009, 2010, 2011, 2012 (283)

- Premio ESPY al Mejor Deportista Internacional (1): 2012

- Bota de Oro Europea (2): 2010, 2012

- Premio de la UEFA al Mejor Jugador de Europa (1): 2011 (creado en 2011)

- Jugador del Año de la UEFA (1): 2009 (dejó de existir en 2010)

- Once Ideal del Año de la UEFA (5): 2008, 2009, 2010, 2011, 2012

- Máximo Goleador de la Champions League de la UEFA (4): 2009, 2010, 2011, 2012

- Mejor Jugador del Partido en la Final de la Champions League de la UEFA (1): 2011

- Mejor Jugador del Mundial Sub-21 de la FIFA (1): 2005

- Balón de Oro del Mundial de Clubes de la FIFA (2): 2009, 2011

- Incluido en el Once Ideal de la FIFA/FIFPro (6): 2007, 2008, 2009, 2010, 2011, 2012

- Mejor Jugador Joven del Mundo de la FIFPro (3): 2006, 2007, 2008

- Pichichi (2): 2010, 2012
- Jugador del Año en la Liga (3): 2009, 2010, 2011
- Jugador Extranjero del Año en la Liga (3): 2007, 2009, 2010 (dejó de existir en 2010)
- Mejor Jugador de la LFP (3): 2009, 2011, 2012 (quedó sin ganador en 2010)

······

Récords
Hasta febrero de 2013

Mundiales

• Mayor número de Balones de Oro de la FIFA: 4

• Récord Mundial Guinness al mayor número de goles en un solo año: 91

• Mayor número de goles en competiciones internacionales en un año (por club y selección): 25 (compartido con Vivian Woodward)

• Mayor número de goles anotados en el Mundial de Clubes de la FIFA: 4 (conjuntamente con Denilson Pereira Neves y Mohamed Aboutrika)

Europa

• Mayor número de goles anotados en una temporada (club): 73

• Mayor número de goles anotados en un año (club): 79

• Mayor número de goles anotados en una temporada de competiciones europeas: 14 (conjuntamente con José Altafini)

• Mayor número de Premios al Máximo Anotador en

competiciones europeas: 4 (conjuntamente con Gerd Müller)

- Máximo anotador en un solo partido en competición europea: 5 (conjuntamente con otros diez jugadores)

Argentina

- Mayor número de goles en un año (selección nacional): 12 (compartido con Gabriel Batistuta)

España

- Mayor número de goles en la Liga en una temporada: 50

- Mayor número de *hat-tricks* en la Liga en una sola temporada: 8

- Mayor número de partidos consecutivos anotando en la Liga: 14

Barcelona

- Máximo anotador en competiciones oficiales: 301 goles

- Máximo anotador en la Liga: 206 goles

- Máximo anotador en la Champions League de la UEFA: 56 goles

- Máximo anotador en competiciones europeas: 57 goles

- Máximo anotador en competiciones internacionales: 61 goles

- Mayor número de *hat-tricks* en total en todas las competiciones: 22

- Mayor número de *hat-tricks* en total en la Liga: 16

Bibliografía

Caioli, Luca, *Messi: la historia del chico que se convirtió en leyenda,* Salsa Books, Barcelona, 2010.

«Discovered: Interview with a 13-year-old Lionel Messi», *Yahoo! Eurosport UK.* World of Sport, 19 de octubre de 2012. Web: 21 de febrero de 2013.

Ghosh, Bobby, «Interview: Lionel Messi on His Sport, Cristiano Ronaldo, and Argentina», *Time World,* 26 de enero de 2012. Web: 21 de febrero de 2013.

Hunter, Graham, *Barça: The Making of the Greatest Team in the World,* BackPage, Reino Unido, 2012.

Ilongo, Sriram, «The Lionel Messi Story: How Did He Get To The Top of The World?», *Bleacher Report,* 16 de agosto de 2009. Web: 21 de febrero de 2013.

Kuper, Simon, *Soccer Men: Profiles of the Rogues, Geniuses, and Neurotics Who Dominate the World's Most Popular Sport,* Nation, Nueva York, 2011.

«Lionel Messi: His Biography (subtítulos en inglés) 2 Partes», YouTube, 29 de marzo de 2011. Web: 21 de febrero de 2013.

«Lionel Messi Biography», Bio.com. A&E Networks Television, sin fecha. Web: 21 de febrero de 2013.

«Lionel Messi en Lima Perú», YouTube, 17 de enero de 2010. Web: 21 de febrero de 2013.

«Lionel Messi», Wikipedia. Wikimedia Foundation, 21 de febrero de 2013. Web: 21 de febrero de 2013.

Logothetis, Paul, «Messi's Rise with Barcelona Started on a Napkin», *Home*, AP, 7 de enero de 2012. Web: 21 de febrero de 2013.

Longman, Jeré, «Boy Genius», *The New York Times*, 22 de mayo de 2011. Web: 21 de febrero de 2013.

«Messi: From Scrawny Kid to History-maker», *DAWN. COM*. Reuters, 21 de marzo de 2012. Web: 21 de febrero de 2013.

«Messi 10», *Messi*. FC Barcelona, sin fecha. Web: 21 de febrero de 2013.

Messi, Lionel. «Leo Messi: My Life», página web oficial de Leo Messi, Fundación de Lionel Messi, sin fecha. Web: 21 de febrero de 2013.

Papirblat, Schlomo, «Growing Paean», *Haaretz.com*, 29 de julio de 2011. Web: 21 de febrero de 2013.

«Red Bulletin», *Dream of the Pibe*, 26 de mayo de 2010. Web: 21 de febrero de 2013.

Watt, Tom, *A Beautiful Game*, Abrams, Nueva York, 2009.

«Young Lionel Messi at La Masia - FC Barcelona More than a Club HD», YouTube, 20 de mayo de 2011. Web: 21 de febrero de 2013.